GREVISSE LANGUE FRANÇAISE

NOUVELLE ÉDITION
Conforme aux évolutions de programmes 2018-2020

Cahier d'exercices 6e

ORTHOGRAPHE • GRAMMAIRE • CONJUGAISON • LEXIQUE

Ariane Carrère
Professeure de Lettres
Collège Antoine de Saint-Exupéry
Vanves (92)

Myriam Dufour
Professeure de Lettres
Collège Jean Jaurès (REP)
Lomme (59)

Maud Varbédian
Professeure de Lettres
Collège Antoine de Saint-Exupéry
Rosny-sous-Bois (93)

Conseiller scientifique
Jean-Christophe Pellat
Professeur émérite de linguistique française
Université de Strasbourg (67)

Les auteurs remercient pour leurs relectures et suggestions tous les enseignants qui ont participé aux études menées sur ce cahier.

Nom ....

Prénom ....

Classe ....

Année 20..........**- 20**..........

MAGNARD

Sommaire

LA CONJUGAISON

Le présent et le futur de l'indicatif

L'imparfait et le passé simple de l'indicatif

Les temps composés de l'indicatif

L'impératif et le conditionnel

LE VOCABULAIRE

Les relations entre les mots

Le vocabulaire lié au programme littéraire

+ des exercices interactifs pour s'entraîner
www.lienmini.fr/grev-001

Pour progresser, il faut s'entraîner !

Fiche mémo
Distinguer classe grammaticale et fonction grammaticale

La **classe grammaticale** d'un mot correspond à l'identité de ce mot et dit ce qu'il est.
En général, elle ne change pas : elle est donnée par le dictionnaire, en abrégé.

Les mots variables (qui varient en genre et en nombre)

nom
mot qui désigne un être ou une chose :
- → noms communs
- → noms propres

déterminants
mots qui introduisent les noms :
- → articles définis ou indéfinis
- → déterminants démonstratifs
- → déterminants possessifs

adjectif qualificatif
mot qui qualifie un nom

pronoms
mots qui prennent la place d'un nom ou d'un GN

verbe
mot qui se conjugue

Les mots invariables (qui ne changent pas d'orthographe)

adverbe
mot qui modifie le sens d'un verbe, d'un adjectif ou d'un autre adverbe

préposition
mot qui introduit un complément

conjonction
- → de coordination : mot qui relie des mots ou des groupes de mots de même fonction
- → de subordination : mot qui introduit une proposition conjonctive

1 * **a.** Quelle est votre identité ? Indiquez vos nom et prénom. ....

b. Lisez le texte et complétez chaque case avec deux autres exemples si possible.

Tout d'abord ⑥, Delphine ① et ⑧ Marinette purent ⑤ se féliciter ⑤ de ⑦ leur ② initiative ①. Le ② bœuf ① faisait des progrès surprenants ③. Au bout du mois, il ④ commençait à ⑦ savoir compter, il lisait presque ⑥ couramment, et il avait même appris une petite ③ poésie. Il devint si studieux qu' ⑧ à l'étable il avait toujours dans son râtelier un livre ouvert dont il tournait les pages avec sa langue.

Marcel Aymé, *Les Contes rouges du chat perché*, © Gallimard, 1963.

① Noms	② Déterminants	③ Adjectifs qualificatifs	④ Pronoms	⑤ Verbes
• initiative, bœuf, ... • Delphine, ...	• Le, ... • leur, ...	surprenants, petite, ...	il, ...	purent, se féliciter, ...

⑥ Adverbes	⑦ Prépositions	⑧ Conjonctions
tout d'abord, presque, ...	de, à, ...	• et • si … que

Les **fonctions grammaticales** correspondent aux rôles des mots ou groupes de mots dans une phrase.

- **sujet** : mot ou groupe de mots qui commande l'accord du verbe
- **expansions du nom**
  - **épithète** : mot qui qualifie le nom à côté duquel il se trouve
  - **complément du nom** : groupe prépositionnel qui précise le nom dont il dépend
- **compléments du verbe**
  - **attribut du sujet** : mot ou groupe de mots qui est relié au sujet par un verbe attributif
  - **COD** : mot ou groupe de mots qui complète le verbe sans préposition
  - **COI** : mot ou groupe de mots qui complète le verbe avec préposition
- **compléments circonstanciels** : mot ou groupes de mots qui donnent des précisions sur l'action (temps, lieu, manière, cause...)

2 * **a. Tout au long de votre journée, votre rôle change. Au collège, vous êtes élève de 6e. Donnez deux autres rôles que vous occupez dans la semaine :**

....

b. Lisez le texte et complétez le tableau avec deux autres exemples si possible.

Tout d'abord, <u>Delphine et Marinette</u> (1) purent se féliciter <u>de leur initiative</u> (6). Le bœuf faisait <u>des progrès surprenants</u> (5). <u>Au bout du mois</u> (7), il commençait à savoir compter, il lisait presque couramment, et il avait même appris une petite poésie. Il devint si <u>studieux</u> (4) qu'à l'étable il avait toujours dans son râtelier un livre ouvert dont il tournait les pages avec sa langue.

(« surprenants » : (2) ; « du mois » : (3))

Marcel Aymé, *Les Contes rouges du chat perché*, © Gallimard, 1963.

① Sujets
Delphine et Marinette, ...

② Épithètes	③ Complément du nom
surprenants, ...	du mois

④ Attribut du sujet	⑤ Compléments d'objet directs	⑥ Compléments d'objet indirects
studieux	des progrès surprenants, ...	de leur initiative, ...

⑦ Compléments circonstanciels
Au bout du mois, ...

Identifier le nom commun

Le **nom commun** permet de désigner de **façon générale** des êtres, des choses, des idées...

Il commence par une **minuscule** et est, le plus souvent, précédé d'un **déterminant**.

Exemples le chat, un livre,
cette réalité,
sa gentillesse,
des promenades

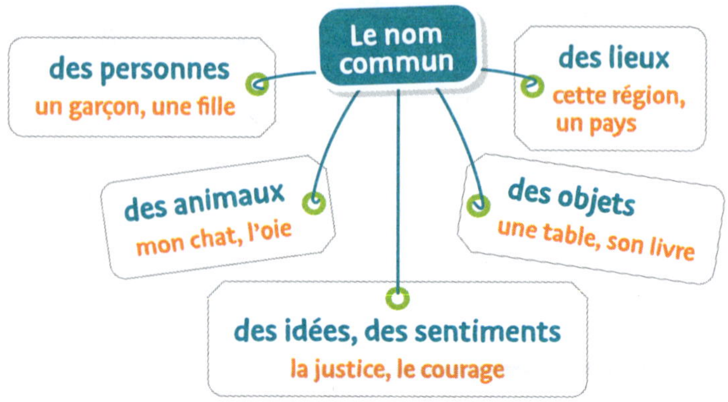

1 * Soulignez les noms communs dans chaque phrase.

a. Le professeur corrige les copies.
b. Ton chien court dans le jardin.
c. L'orange est un agrume.
d. As-tu la clé de l'appartement ?

2 * Entourez les noms communs dans cette liste.

fraîcheur • cheval • souffler • soleil • lacer • studieux • vraiment • moment • fusée • ensuite • neige • horizon • Léna • artifice • vert • anxiété • Berlin

3 ** Barrez les mots qui ne sont pas des noms communs.

a. avion • hélicoptère • joyeusement • planeur • vaisseau • léger • campagne • demain
b. collège • ennuyeux • livre • travail • étudier • évident • Paul • gentillesse • sympathique
c. bouée • pratiquer • énergie • piscine • Océane • froide • plongeon • facile • couramment

4 ** Complétez les phrases en insérant un nom commun de votre choix précédé d'un déterminant.

a. Très souvent les enfants n'aiment pas ....
b. Hélène posa .... sur la table.
c. Les deux hommes s'arrêtèrent sur la place de ....
d. .... entrèrent au cinéma en se bousculant.

5 * Complétez le texte avec les noms communs de la liste.**

dos • jeux • main • carreau • fenêtre • loup

Comme les petites lui tournaient le ...., le loup donna un coup de nez sur le .... pour faire entendre qu'il était là. Laissant leurs ...., elles vinrent à la .... en se tenant par la ....
– Bonjour, dit le .... Il ne fait pas chaud dehors. Ça pince, vous savez.

Marcel Aymé, *Les Contes bleus du chat perché*, © Gallimard Jeunesse, 2007.

Distinguer nom commun et nom propre

Le **nom propre** désigne un être, un lieu, un monument ou une période **en particulier**.

Il commence par une **majuscule** et est souvent employé sans déterminant.

Exemples Théo, Aix-en-Provence, les Pyramides, la Renaissance

Le nom propre
- des prénoms, des noms de famille, des personnages célèbres : Luc, Mme Jourdain, Louis XIV
- des lieux précis : la France, Lyon
- des monuments, des œuvres d'art : le Sacré-Cœur, la Joconde
- des périodes : la Préhistoire

6 * **Soulignez les noms communs et entourez les noms propres.**

a. bateau • écrivain • Marie Curie • président • Sarah • embouteillage • Rhône • Scandinavie

b. sport • États-Unis • trompette • fil de fer • Pyrénées • aluminium • livre • Panthéon

c. Molière • cerisier • Philadelphie • skieur • Atlantique • pierre • Pierre • charpentier • pistache

7 * **Réécrivez les phrases en mettant une majuscule aux noms propres.**

a. rome est la capitale de l'italie. → ....

b. J'ai vu léo partir en courant ; il avait peur de rater son train pour perpignan.

→ ....

c. marcel pagnol est né à aubagne, non loin de marseille.

→ ....

d. Est-ce pour clémentine ces clémentines ? → ....?

8 ** **Rédigez deux phrases avec le mot « olivier ». Dans la première phrase, le mot sera un nom commun et, dans la deuxième, un nom propre.**

a. ....

b. ....

9 *** **Soulignez les noms communs et entourez les noms propres.**

Avant d'aller dormir, j'ai tout de même rappelé à Grégoire sa promesse :

– Maintenant que nous avons passé la montagne, tu dois m'expliquer… Qu'allez-vous faire à Ban Baïtan ?

Si j'avais su à cet instant-là, Tomek, tout ce que Grégoire allait me révéler, je me serais bien gardée de l'interroger.

Jean-Claude Mourlevat, *La Rivière à l'envers*, tome 2, « Hannah »,

3

Le nom

Distinguer nom concret et nom abstrait

Les **noms concrets** désignent des êtres ou des objets qu'un des cinq sens peut percevoir : la vue, l'ouïe, l'odorat, le goût, le toucher.

Exemples ce chat, une tasse, la pluie

Les **noms abstraits** désignent des propriétés, des qualités, des idées non perceptibles par les sens.

Exemples cette amitié, l'intelligence, une raison

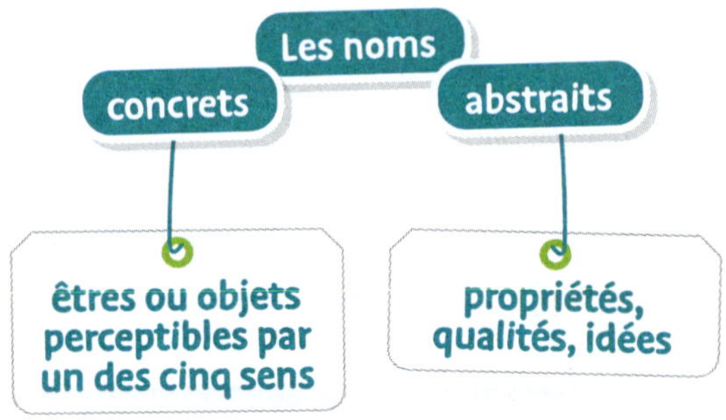

10 * Soulignez les noms concrets et entourez les noms abstraits.

enfant • bijou • gentillesse • âne • voiture • tulipe • bonheur • fraise • orgueil • chaise • parapluie • idée • sagesse • sable

11 ** Complétez chaque phrase avec un nom concret de votre choix.

a. Ouvre la ...., il fait chaud.

b. Des .... naviguent au large.

c. Judith a-t-elle lu ce .... ?

d. Achète des .... en rentrant.

12 ** Complétez chaque phrase avec un des noms abstraits de la liste.

gentillesse • fierté • curiosité • mensonge • courage

a. La .... est un vilain défaut.

b. Violette a réussi l'épreuve, sa .... est grande.

c. Antoine est réputé pour sa .... car il aide tous ses amis.

d. Il a raconté qu'il avait eu 20 au contrôle, c'est un ....

e. Ont-ils fait preuve de .... ?

13 * Soulignez les noms concrets et entourez les noms abstraits.**

Soudain, il eut une idée, confia son portefeuille à Brédoux, fit en courant le tour du château et se dirigea vers les ruines.

Près de la grande arcade, à plat ventre sur le sol tapissé de longues aiguilles de pin, un de ses bras replié sous sa tête, Isidore semblait assoupi […].

– Je ne dors pas. Je réfléchis.

– Il s'agit bien de réfléchir ! Il faut voir d'abord. Il faut étudier les faits, chercher des indices…

Maurice Leblanc, *L'Aiguille creuse*, 1909.

Connaître le genre des noms

Tout nom a un **genre** (masculin ou féminin).
Le genre est indiqué par le déterminant qui précède le nom.

Le nom transmet son genre aux mots auxquels il est associé.

Exemples ce pays, une ville
mon manteau bleu,
tes bottes fourrées

Le genre des noms

- **masculin** : le prince, un chien
- **féminin** : une guirlande, cette reine

14 * Classez les noms de la liste selon leur genre dans le tableau ci-dessous.

un bureau • le soleil • cette table • la main • sa cravate • cet arbre • la Belgique • le Titanic • son chat • le Luxembourg • la Calypso • une tulipe

Masculin	Féminin
....	....
....	....
....	....

15 * Soulignez le déterminant qui convient.

a. *Un / Une* nouvelle autoroute va ouvrir.
b. *Le / La* mois prochain, nous irons danser.
c. *Mon / Ma* effort est récompensé.
d. *Cet / Cette* équilibre est précaire.
e. Donne-moi *cet / cette* outil.
f. *La / Le* banquise va finir par disparaître.
g. *Cet / Cette* école est prestigieuse.
h. *Ma / Mon* amie a réussi.

16 ** Écrivez le féminin correspondant à chaque nom.

a. ce boucher → ....
b. son instituteur → ....
c. le loup → ....
d. un menteur → ....

17 ** Écrivez le masculin correspondant à chaque nom.

a. cette trapéziste → ....
b. la danseuse → ....
c. une comédienne → ....
d. ma sœur → ....

18 * Soulignez les noms masculins et entourez les noms féminins.**
À l'oral, citez l'information qui vous a aidé-e à répondre.

Dès le petit matin, chacun partit de son côté chercher des choses bonnes à manger. Son chemin conduisit le chacal devant une hutte. Il regarda à droite, personne, à gauche non plus. Il n'entendit pas un bruit. Il se faufila à l'intérieur. Il vit un plat avec de la viande cuite et un bol de lait caillé.

Thalie de Molènes, *17 Contes du bouddhisme*, © Flammarion, 2000.

Orthographier le pluriel des noms

Le nom est **variable en nombre** (singulier ou pluriel).

Exemple un singe → deux singes

Pour marquer le pluriel, à l'écrit, on ajoute un *-s*, parfois un *-x*, à la fin du nom singulier ou on transforme la dernière syllabe.
Les noms terminés au singulier par *-s*, *-x* ou *-z* ne changent pas.

Exemples des tortue**s**, des feu**x**, ces chev**aux**
mais le nez → les nez, le prix → les prix

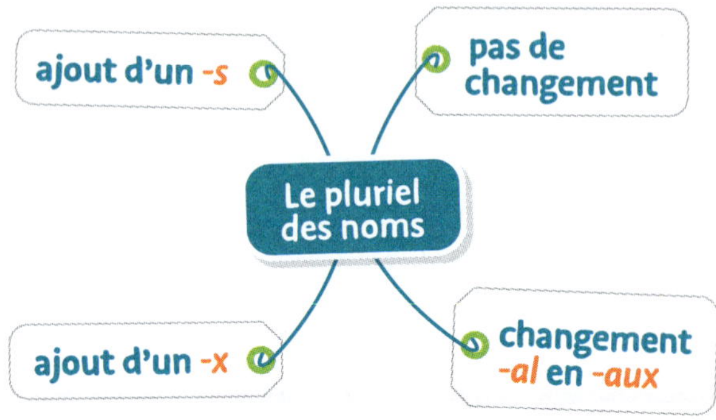

19 * **Indiquez si le nom souligné est au singulier (S) ou au pluriel (P).** S P

a. Un petit pois a roulé sous la table. ○ ○
b. Je plante des clous dans le mur. ○ ○
c. Mathilde a eu le premier prix. ○ ○
d. Ces vitraux sont magnifiques. ○ ○

20 * **Mettez ces groupes nominaux au pluriel.**

a. le balai → ....
b. un pneu → ....
c. un radis → ....
d. ce château → ....

21 ** **Écrivez le nom entre parenthèses au pluriel.**

a. Hier, Théo a eu cinq .... *(an)*.
b. Ses .... *(ami)* sont venus lui souhaiter son anniversaire.
c. Les enfants ont participé à de nombreux .... *(jeu)*.

22 *** **Réécriture • Réécrivez le texte en mettant les mots en gras au singulier. Faites toutes les modifications nécessaires.**

Il ne s'agit pas d'une illusion : des **falaises** se dressent à l'horizon. Les **vagues** poussent les **bateaux** vers elles au risque de les fracasser sur les rochers. […] Les **marins** lèvent les **mains** vers le ciel et remercient les **dieux** de les avoir préservés.

Claude Merle, *Ulysse, héros de légende*, © Bayard Jeunesse, 2011.

....
....
....
....

6

Le nom

Repérer le nom noyau dans un groupe nominal

Le **groupe nominal** (GN) peut être enrichi de plusieurs mots.

Le nom le plus important du groupe nominal est le **noyau**. On ne peut pas le supprimer.

Exemples un grand **voilier** blanc
une **glace** à la fraise

déterminant + adjectif(s) + **nom noyau** + adjectif(s)

déterminant + **nom noyau** + groupe prépositionnel

→ groupe nominal étendu

23 * **Entourez le nom noyau dans chaque groupe nominal étendu.**

a. une rose rouge
b. un soir de printemps
c. de longs cheveux bruns
d. ce vent glacial
e. une boule de Noël
f. une belle surprise

24 * **Complétez ces groupes nominaux avec un nom noyau de votre choix.**

a. ton .... gris
b. un .... d'aventures
c. cet .... célèbre
d. la .... du jardin

25 ** **Entourez le nom noyau de chaque groupe nominal souligné.**

a. <u>Une épaisse forêt de sapins</u> entoure le village.
b. Cet arbre fournit-il <u>des mirabelles très sucrées</u> ?
c. N'achète pas <u>ce jeu vidéo très violent</u>.
d. As-tu vu <u>le dernier film de Matt Damon</u> ?
e. Dans <u>la maison voisine</u> vit <u>mon meilleur ami</u>.
f. <u>Le chien de Valentin</u> dort <u>au pied de son lit</u>.

26 *** **Formez des GN étendus à l'aide des noms noyaux indiqués.**

a. *pays* → ....
b. *exposition* → ....
c. *manteau* → ....
d. *morceau* → ....

27 *** **Entourez les noms noyaux des groupes nominaux soulignés.**

À ce moment, <u>du bois sacré voisin</u>, sort <u>un énorme serpent</u>. <u>Son corps immense</u> se déroule en <u>sept anneaux</u> qui viennent mollement s'enrouler autour de <u>l'autel funéraire</u>. Il a <u>le dos</u> du même azur brillant que le ciel…

Michel Laporte, *12 récits de l'Énéide*, chapitre 7, © Flammarion Jeunesse, 2010.

Bilan Le nom

Fiches 1 à 6

- Identifier le nom commun • Distinguer nom commun et nom propre • Distinguer nom concret et nom abstrait • Connaître le genre des noms • Orthographier le pluriel des noms
- Repérer le nom noyau dans un GN

Je distingue nom commun et nom propre

28 * Soulignez les noms communs.

a. Du sommet de la colline, les enfants pouvaient apercevoir la mer.
b. La sonnerie du collège retentit soudain.
c. Cet auteur publie un roman tous les ans.

29 ** Complétez chaque phrase avec le nom propre qui convient : *Ulysse • Virgile • Hercule.*

a. .... s'attaqua à l'Hydre de Lerne.
b. .... est un poète latin de l'Antiquité.
c. .... a vaincu par la ruse le Cyclope.

30 ** Soulignez les noms communs et entourez les noms propres.

Jonathan n'avait jamais vu autant de bateaux de toute sa vie. Même dans le port d'Ostia. Ils avaient dépassé le port naval de Misenum et laissé Puteoli sur leur gauche. Ils faisaient à présent route vers une haute montagne.

Caroline Lawrence, *Les Secrets de Pompéi*, trad. Amélie Sarn, © Milan, 2002.

31 * Complétez le texte à l'aide des noms communs et des noms propres de la liste.**
Orléans • Théo (2 x) • Seine • Gustave • école • promenade • garçons • Dimanche • amis • Paris • parents

.... et .... habitent tous les deux dans la même ville, ... Les deux .... se sont connus à l'.....................maternelle. Ils sont devenus .... prochain, les ....de .... ont décidé de les emmener à .... pour faire une .... en bateau-mouche sur la ....

Ariane, *Je m'amuse* © Magnard, 2018.

Je distingue nom concret et nom abstrait

32 * Soulignez les noms concrets

des chaussures • un emploi • de l'essence • un piano • le courage • la paresse • une ambulance • un dessin • l'autorité • une clé

33 * Classez ces noms dans le tableau.
la bijouterie • un compas • une volonté • un moineau • la force • sa beauté • son cartable • ce retard

Noms concrets	Noms abstraits
....	....
....	....
....	....
....	....

J'accorde les noms en genre et en nombre

34 * Écrivez le féminin de chaque nom.

a. un chanteur → ....
b. un citoyen → ....
c. un lion → ....
d. un tigre → ....

35 * Écrivez chaque GN au pluriel.

a. un garçon zélé → ....
b. une longue attente → ....
c. un trou profond → ....
d. un caillou pointu → ....

36 ** Terminez ces phrases par un GN étendu au pluriel.

a. Jules mange ....
b. Ils ont trouvé ....
c. Émilie nous a apporté ....
d. Elles ont accompli ....

37 * Lisez le texte et complétez le tableau.**

Mais comment savoir ce qui les attendait à Groosham Grange ? La lettre adressée à ses parents parlait d'un établissement à l'ancienne mode réservé aux garçons. Celle adressée aux parents de Jeffrey dépeignait une sorte de camp d'entraînement. Quant aux parents de Jill, ils croyaient envoyer leur fille dans un collège chic pour jeunes filles.

A. Horowitz, *L'Île du Crâne*, trad. Annick Le Goyat, © Le Livre de Poche, 1990.

Noms propres	....
Nom commun fém. pl.	....
Noms communs masc. pl.	....
Noms communs fém. sing.	....
Noms communs masc. sing.	....

Je repère le nom noyau dans un GN

38 ** Entourez le nom noyau de chaque GN souligné.

a. <u>Une belle journée</u> se prépare.

b. J'ai cassé <u>ma belle montre en or</u>.

c. <u>Des poissons argentés</u> remontent la rivière.

d. <u>Le soleil d'été</u> nous éblouit.

e. Avez-vous assisté <u>à son précédent concert</u> ?

39 ** Le nom souligné est-il le noyau du GN en gras ?

	OUI	NON
a. **Les <u>champs</u> de blé** appartiennent à ce fermier.	○	○
b. **Les arbres de la <u>forêt</u>** s'inclinent sous le vent.	○	○
c. Céline a réussi **son devoir de <u>chimie</u>**.	○	○
d. J'habite dans **cette <u>maison</u> au toit rouge**.	○	○

À l'écrit

40 ** Écriture • Rédigez un texte de quelques lignes à l'aide de ces noms propres et communs qui évoquent l'hiver.

décembre • Noël • neige • montagne • Alpes • froid • gants • écharpe • ski • sapins

41 * Réécriture • À partir de cette liste de mots, écrivez trois groupes nominaux.**

blonds • chaud • château • tasse • une • cette • haute • chocolat • de • fée • tour • aux • jolie • cheveux • prince • charmant • la • du *(x 2)*

....

42 * Dictée • Écrivez la dictée lue par votre enseignant-e.**

Mais quoiqu'il se fût levé de bon matin............

....

Charles Perrault, « Le Petit Poucet », *Les Contes de ma mère l'Oye*, 1697.

À l'oral

43 * Trouvez un nom de pays, de fleuve, de ville et un prénom commençant par les lettres « C », « G » et « L ».**

7

Les déterminants

Connaître les articles

L'**article défini** se place devant un nom désignant un élément connu ou dont on a déjà parlé.
L'**article indéfini** se place devant un nom désignant un élément qui n'est pas précisé ou dont on n'a pas encore parlé.
L'**article partitif** détermine un nom non comptable (une quantité qu'on ne peut dénombrer).

Exemples **la** maison, **les** chiens *(articles définis)*
un homme, **des** fleurs *(articles indéfinis)*
du pain, **de la** farine *(articles partitifs)*

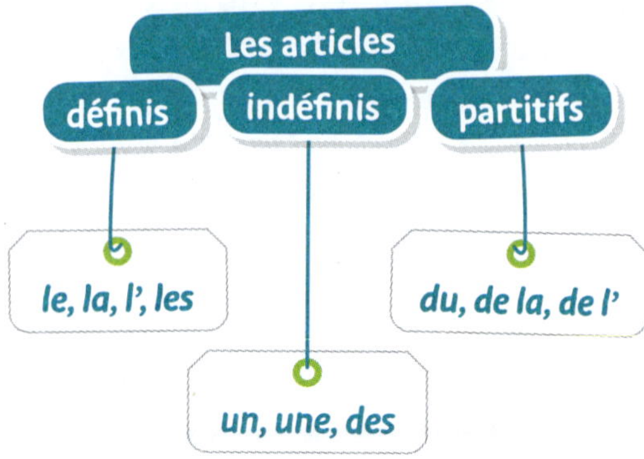

1 Classez les noms et leurs articles dans le tableau ci-dessous.
les chaises • un film • de l'huile • le théâtre • des crayons • une pomme • l'herbe • des cerises • les nuages • du sel

	Article défini + nom	Article indéfini + nom	Article partitif + nom
Masculin	....	....	....
Féminin	....	....	....

2 Mettez au pluriel les groupes nominaux soulignés.

a. Le jardinier tond <u>la pelouse</u>. → ....
b. J'ai fini <u>le gâteau</u>. → ....
c. Tu as cueilli <u>une rose</u>. → ....
d. Elle a encore <u>un souhait</u>. → ....

3 Complétez les phrases avec les articles qui conviennent.

a. À .... radio, ... présentateur a annoncé .... tempête pour ce soir.
b. Il a rencontré .... difficultés pour faire ....exercice demandé.
c. Je dois acheter .... compas pour ....école.
d. .... chiens de .... voisine aboient quand .... facteur passe.

4 Soulignez les articles définis et entourez les articles indéfinis.
À l'oral, citez l'article partitif présent dans le texte.

Il était une fois une paire de chaussures qui étaient mariées ensemble. La chaussure droite, qui était le monsieur, s'appelait Nicolas, et la chaussure gauche, qui était la dame, s'appelait Tina.

Elles habitaient une belle boîte en carton où elles étaient roulées dans du papier de soie.

Pierre Gripari, « La Paire de chaussures », *Contes de la rue Broca*,
© Grasset Jeunesse, 2012.

Bien orthographier les articles définis contractés

Les formes de l'article défini « le » et « les » s'unissent aux prépositions « à » et « de » pour former les **articles définis contractés**.

Exemples un beignet **au** *(à le)* chocolat
ta tarte **aux** *(à les)* poires
le carnet **du** *(de le)* professeur
les livres **des** *(de les)* élèves

Articles définis contractés

- *à + le → au*
- *de + le → du*
- *à + les → aux*
- *de + les → des*

5 * **Soulignez les articles définis contractés.**

a. Les deux sœurs reviennent du Brésil.
b. J'étais au cinéma avec des amis.
c. L'odeur du gâteau qui cuit me donne faim !
d. La vitesse des voitures doit-elle être réduite ?

6 ** **Les déterminants soulignés sont-ils des articles définis contractés ?**

	OUI	NON
a. Ils ont parlé des examens.	○	○
b. Elle s'approche du bois de Vincennes.	○	○
c. Il a bu du café.	○	○
d. Quelle note as-tu obtenue au concours général ?	○	○

7 ** **Indiquez la nature précise des articles soulignés.**

Le son du piano est mélodieux. •	• article défini contracté
Marie a acheté des bonbons. •	• article partitif
Pablo a suspendu des tableaux au mur. •	• article indéfini
Nous mangeons du riz. •	

8 ** **Complétez chaque phrase avec l'article défini contracté qui convient.**

a. J'irai .... marché en rentrant.
b. Les jeux .... enfants sont bruyants.
c. Zoé aime le poulet .... amandes.
d. C'est la fin .... printemps.

9 *** **Complétez le texte avec les articles définis, définis contractés et indéfinis :**
le • une • du • des (x 3) • les (x 2).

Un owo[1] marquait le sommet .... col. Ils y ajoutèrent chacun .... pierre et Galshan s'éloigna de quelques pas, ... mains enfouies au fond .... poches. […]

.... drapeaux à prières en lambeaux claquaient dans .... vent. .... nuages défilaient à toute allure au-dessus .... crêtes.

Xavier-Laurent Petit, *Le Col des mille larmes*, © Flammarion Jeunesse, 2010.

1 Pyramide de pierres construite au sommet des montagnes, au passage des cols.

9

Les déterminants

Connaître les déterminants démonstratifs

Le **déterminant démonstratif** sert à désigner un être ou un objet dont on a déjà parlé ou que l'on montre.

Exemples **ce** parfum, **cette** aventure, **ces** dessins

On emploie *cet* devant les noms masculins singuliers commençant par une voyelle ou un *h* muet.

Exemples **cet** adulte, **cet** homme

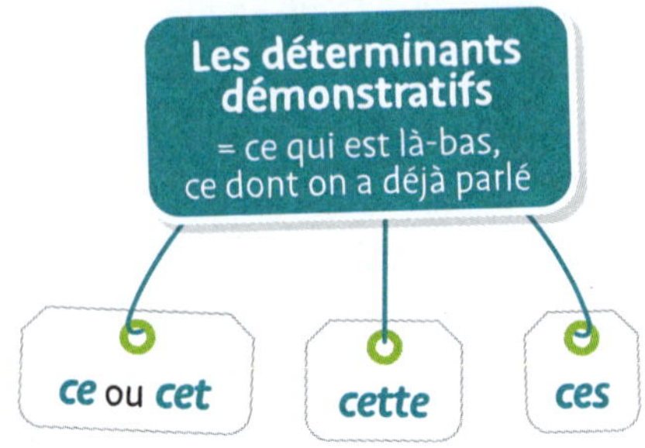

10 * **Entourez les déterminants démonstratifs.**

a. Range ce pull que tu ne mets jamais !

b. Cette ville est-elle agréable ?

c. Ils se disputent ce morceau de pain.

d. Cet individu m'a empêché de suivre le film.

11 * **Complétez ce tableau.**

Singulier	ce navire	ce livre	....	....
Pluriel	ces navires	....	ces arbres	ces avenues

12 ** **Faites précéder chaque nom d'un déterminant démonstratif qui convient.**

a. ....clown

b. ....habitude

c. ....habit

d. ....études

e. ....artiste

f. ....odeur

13 ** **Complétez chaque phrase avec le déterminant démonstratif qui convient.**

a. À qui est .... règle ?

b. .... fauteuil n'est pas confortable.

c. .... héros est généreux.

d. Il vit dans un de .... immeubles.

e. .... espoir lui a redonné courage.

f. As-tu repéré toutes .... balises ?

14 ** Réécriture • **Réécrivez cet extrait de poème en mettant au pluriel les groupes nominaux en gras. Faites toutes les modifications nécessaires.**

Dans Paris il y a **une rue** ; ....
Dans **cette rue** il y a **une maison** ; ....
Dans **cette maison** il y a **un escalier** ; ....
Dans **cet escalier** il y a **une chambre** ; ....
Dans **cette chambre** il y a **une table** ; ....

Paul Eluard, « Dans Paris », *Invraisemblances et Hyperboles*, 1954.

Connaître les déterminants possessifs

Le **déterminant possessif** précise l'appartenance ou le lien avec une chose, une personne ou un animal.

Exemples **notre** chien, **son** train

Au féminin singulier, devant une voyelle ou un *h* muet, on emploie *mon, ton, son*.

Exemples **mon** idée, **son** horloge

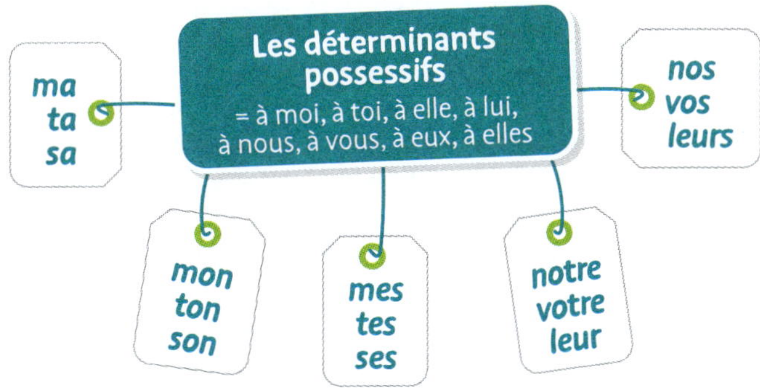

15 * **Entourez les déterminants possessifs.**

a. Peux-tu me prêter tes feutres ?

b. Enzo n'a pas bien appris sa leçon.

c. Avez-vous rencontré leurs cousins ?

d. Venez à la plage avec vos amis.

16 ** **Employez** « mon » **ou** « ma » **devant ces noms féminins.**

a. .... sœur

b. ....histoire

c. ....destination

d. .... aventure

e. .... lettre

f. .... habitude

g. .... arrivée

h. .... ambition

i. .... hardiesse

17 ** **Écrivez un nom après chaque déterminant possessif. Attention aux accords.**

a. son ....

b. ta ....

c. vos ....

d. leurs ....

18 ** **Complétez les phrases avec un déterminant possessif qui convient.**

mes • tes • ses • leur • sa

a. Quand vas-tu préparer .... affaires pour la randonnée ?

b. .... cousins m'ont gentiment prêté .... nouvelle trottinette.

c. Amadou a perdu .... clés. Elles sont tombées de .... poche.

19 ** **Soulignez les déterminants possessifs et entourez le déterminant démonstratif.**

« Personne d'autre ne sera ma femme qui ne puisse mettre cette pantoufle. » Les deux sœurs se réjouirent, car elles avaient de jolis pieds. L'aînée emporta la pantoufle dans sa chambre et voulut l'essayer ; et sa mère se tenait auprès d'elle. Mais malgré tous ses efforts, elle ne put l'enfiler : la pantoufle était trop petite.

D'après **Jacob et Wilhelm Grimm**, *Cendrillon*, trad. P. Durand, © Gründ, 1988.

Bilan Les déterminants

Fiches 7 à 10
- Connaître les articles
- Bien orthographier les articles définis contractés
- Connaître les déterminants démonstratifs
- Connaître les déterminants possessifs

Je connais les articles

20 * Faites précéder chaque nom d'un article indéfini.

.... feux • .... bijoux • .... fête • .... village • .... jonquilles • .... forêt • .... souris • .... gaz • .... poux • .... musée

21 * Soulignez l'article défini ou indéfini qui convient.

a. J'ai mal à *la / une* gorge.
b. Il veut devenir *un / le* grand architecte.
c. Elle fait réviser *le / des* programme.
d. Marianne regarde *la / une* mer.
e. Les baleines sont *les / des* mammifères.

22 * Complétez les phrases avec des articles définis ou indéfinis.

a. Rends-moi .... pull que je t'ai prêté.
b. Écoutez .... avis de votre entraîneur.
c. Il a aperçu .... étrange individu.
d. Avez-vous .... soucis ?
e. Il était .... fois .... jeune prince.
f. .... spectateurs applaudissent .... comédiens.

23 ** Soulignez, dans le texte, les articles définis et entourez les articles indéfinis.

Il y avait une fois une pauvre servante qui était active et propre ; elle balayait tous les jours la maison et poussait les ordures dans la rue devant la porte. Un matin, en se mettant à l'ouvrage, elle trouva une lettre par terre : c'était une invitation de la part des nains magiques.

D'après **J. et W. Grimm**, « Les nains magiques », *Contes*, 1812.

24 * Soulignez les articles définis contractés.

a. J'ai mangé du pain aux céréales.
b. Il lui demande de passer au secrétariat.
c. Lucie vient d'arriver des États-Unis.
d. L'époque des chevaliers est révolue.

25 * Complétez les phrases avec l'article défini contracté qui convient.

a. Ali Baba s'enfonça dans les feuillages .... arbres.
b. Le chef se retourna en ordonnant .... rocher : « Sésame, referme-toi ! »
c. Un grincement précéda l'ouverture .... panneau rocheux.

D'après *Ali Baba et les quarante voleurs*.

26 ** Soulignez les articles partitifs et entourez les articles définis contractés.

a. Veux-tu du sel et du poivre ?
b. La porte du jardin grince.
c. Elle mange de la tarte.
d. C'est la saison des fraises.

27 ** « Des » est-il un article indéfini (AI) ou un article défini contracté (ADC) ? Si besoin, utilisez le singulier.

	AI	ADC
a. Elle mange **des** abricots.	○	○
b. L'éclat **des** étoiles est vif.	○	○
c. Je lis **des** romans policiers.	○	○
d. Il se souvient **des** aventures de Peter Pan.	○	○

28 * Entourez les articles définis contractés et soulignez les articles indéfinis.**

J'avais planté un légume inconnu dans notre village, des topinambours. On m'avait dit qu'il produisait des tubercules bien meilleurs que ceux des pommes de terre, car ils avaient le goût de l'artichaut, du navet.

D'après **Hector Malot**, *Sans famille*, 1878.

Je distingue déterminants démonstratifs et possessifs

29 * **Soulignez les déterminants démonstratifs et entourez les possessifs.**

Ulysse l'avisé lui fit cette réponse : « La rentrée de ton père au logis, Télémaque, ne doit pas exciter ta surprise et ta crainte. C'est moi qui suis ton père ! » À ces mots, il reprit sa place et Télémaque, tenant son noble père embrassé, gémissait et répandait des larmes ! C'était même pitié que leurs yeux pleins de larmes !

Homère, *Odyssée*, chant XVI.

30 * **Complétez les GN avec le déterminant démonstratif qui convient.**

- .... homme
- .... chanteuse
- .... chat
- .... romans

31 * **Complétez les phrases avec les déterminants possessifs qui conviennent.**

a. Pierre m'a emprunté .... vélo.

b. Nous cachons .... mains dans .... dos.

c. Ils nous racontent .... vacances.

d. Chloé ne t'a pas rendu .... DVD.

32 ** **Complétez avec « ces » ou « ses ».**

a. À qui sont .... jeux ?

b. Il n'a pas réussi à voir .... amis.

c. .... couleurs sont un peu tristes.

d. J'ai eu .... skis pour Noël.

33 *** **Complétez le texte avec les déterminants suivants :** *le (x 2) • la (x 3) • un • du • mon • son • sa • votre.*

« .... jour qu'il sut que .... roi devait aller à .... promenade sur .... bord de .... rivière avec .... fille, ... plus belle princesse .... monde, il dit à .... maître : « Si vous voulez suivre .... conseil, ... fortune est faite [...]. »

Charles Perrault, *Le Chat botté*, 1697.

À l'écrit

34 ** **Écriture • Rédigez la description d'un objet de votre quotidien.**

Vous utiliserez au moins deux articles définis, deux déterminants possessifs et deux déterminants démonstratifs.

35 ** **Réécriture • Réécrivez le texte en remplaçant les cinq déterminants démonstratifs par des articles définis.**

Ce brouillard cloisonnait cette étroite plate-forme entre ciel et terre sur laquelle se trouvaient ces trois hommes. Ils se sentaient prisonniers de cette montagne, et cet Américain, qui ne disait plus rien, attendait.

D'après **Roger Frison-Roche**, *Premier de Cordée*, © Le Livre de Poche, 2012.

....

....

....

....

....

....

36 *** **Dictée • Écrivez la dictée lue par votre enseignant-e.**

....

....

....

....

....

....

....

....

....

Pierre Gripari, « La Sorcière et le commissaire », *Contes de la Folie-Méricourt*, © Magnard, 2017.

À l'oral

37 ** **Inventez à l'oral deux phrases : l'une avec un déterminant démonstratif et un article indéfini ; l'autre avec un article défini et un déterminant possessif.**

11

L'adjectif qualificatif

Reconnaître un adjectif qualificatif

L'**adjectif qualificatif** se rapporte à un nom ou un pronom sur lequel il apporte des précisions, des informations. On dit qu'il le qualifie.

L'adjectif prend le genre et le nombre du mot qu'il qualifie.

Exemples une **petite** chienne **affectueuse**
des amis **inséparables**

Un participe passé peut être employé comme adjectif qualificatif.

Exemples Il porte une veste **trouée.**
Fatiguée, elle s'arrêta.
Ce spectacle est **réussi**.

L'adjectif qualificatif
- qualifie un nom ou un pronom
- s'accorde avec le nom ou le pronom qu'il qualifie

1 * **Entourez les adjectifs qualificatifs.**

jonquilles • mer • désagréable • perle • jaune • immense • parapet • chaussures • étrange • craintif • étoile • sincère • sapin • facile

2 * **Entourez les adjectifs qualificatifs et soulignez les noms qu'ils qualifient.**

a. T'a-t-il donné des renseignements utiles ?
b. Une immense terreur s'empara d'eux.
c. Il tomba dans un ravin profond.
d. Effrayé, le chat se réfugia sous le lit.
e. La sorcière habite une chaumière délabrée.
f. La jolie princesse dormait.

3 ** **Complétez les phrases avec un adjectif qualificatif de votre choix.**

a. Il m'a raconté une histoire ....
b. Pierre nous a fait un dessert ....
c. Noémie a acheté un manteau ....
d. En hiver, la mer n'est pas ....
e. Aimez-vous les films .... ?
f. Ces héros se sont-ils montrés .... ?

4 *** **Entourez les adjectifs qualificatifs.**

Sean et Annie profitèrent des dernières lueurs du jour pour essayer leurs nouveaux vêtements. Ils étaient tous trop grands, mais ils n'étaient pas troués et le tissu était chaud et sec. Ce furent les bottes qui leur causèrent le plus de problèmes parce que, depuis leur naissance, ils avaient toujours marché pieds nus.

Michael Morpurgo, *Le Trésor des O'Brien*, trad. N. Chassériau,
© Folio Junior, 1999.

12 L'adjectif qualificatif

Former des adjectifs à l'aide de suffixes

Certains adjectifs qualificatifs sont formés par l'ajout d'un **suffixe** derrière le radical d'un mot.

Exemples terre → terre**stre**, matin → matin**al**, légende → légend**aire**

De nombreux suffixes permettent de former des adjectifs :

- → *-able, -ible, -uble*
- → *-al, -el*
- → *-ien, -en*
- → *-eux, -ueux*
- → *-âtre, -ique*
- → *-if, -in...*

Exemples habit**able**, aud**ible**, mort**el**, aér**ien**, malheur**eux**, verd**âtre**, sport**if**

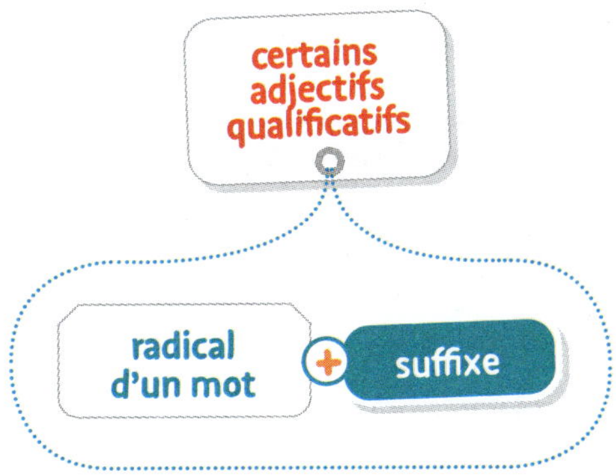

5 ★ **Trouvez l'adjectif formé à partir des verbes suivants.**

a. manger → ....
b. admirer → ....
c. rire → ....
d. faire → ....
e. servir → ....
f. voir → ....

6 ★★ **Formez un adjectif à partir de ces noms. Écrivez-le au masculin et au féminin.**

a. courage → ....
b. crainte → ....
c. athlète → ....
d. mystère → ....
e. fruit → ....
f. hiver → ....

7 ★★★ **Remplacez les groupes de mots soulignés par des adjectifs de même sens.**

a. Cette saison d'été ne s'annonce pas bien pour les hôteliers. → ....
b. Regarde ! On aperçoit les côtes d'Angleterre. → ....
c. Le château de Vincennes est un château du Moyen Âge. → ....
d. La mairie a-t-elle fait installer des pistes pour les bicyclettes ? → ....

8 ★★★ **Soulignez les cinq adjectifs formés à l'aide d'un suffixe.**

Figurez-vous une île rougeâtre et d'aspect farouche; le phare à une pointe, à l'autre une vieille tour génoise. Les jours de grand vent, le bord de l'eau n'étant pas tenable, je m'enfermais dans la cour du lazaret, une petite cour mélancolique. De temps en temps, en me voyant, une chèvre s'arrêtait interdite, et restait plantée devant moi, l'air vif, la corne haute, me regardant d'un œil enfantin...

D'après **Alphonse Daudet**, « Le Phare des Sanguinaires », *Lettres de mon moulin*, 1869.

Former le féminin de l'adjectif

Le **féminin de l'adjectif qualificatif** se marque en général à l'écrit par l'ajout d'un **-e** à la forme du masculin.

Exemples joli → joli**e**, banal → banal**e**

L'ajout du *-e* au féminin fait parfois doubler la consonne finale du radical ou la modifie.

Exemples pareil → pareil**le**, faux → fau**sse**, trompeur → trompeu**se**, fier → fi**ère**, public → publi**que**

Certains adjectifs ont la même forme au masculin et au féminin.

Exemples agréable, invisible

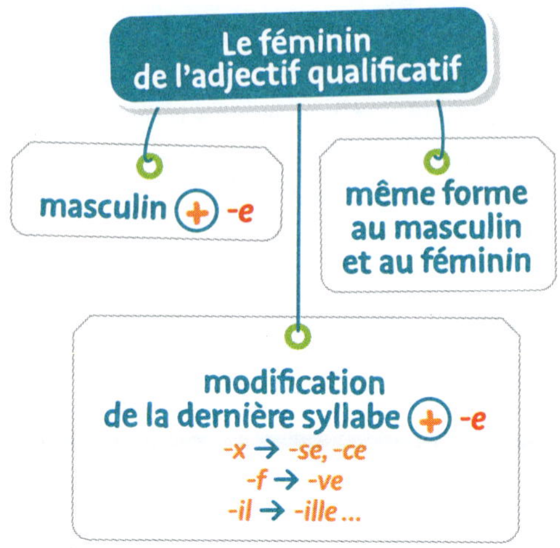

9 * **Entourez les adjectifs au féminin.**

frais • vive • furieux • douce • nouveau • entier • vert • basse • altière • clair

10 * **Formez le féminin des adjectifs suivants.**

a. amusant → ....
b. joyeux → ....
c. gentil → ....
d. doux → ....
e. entier → ....
f. neuf → ....
g. sec → ....
h. léger → ....
i. ordinaire → ....
j. distinct → ....

11 ** **Mettez les adjectifs entre parenthèses au féminin.**

a. La mer est .... *(chaud)*, allons nous baigner.
b. Luc a eu une .... *(beau)* bicyclette à Noël.
c. Myriam a une veste .... *(blanc)* .... *(confortable)*.
d. Victor va-t-il à l'école .... *(maternel)* ?
e. La .... *(nouveau)* lune brille dans le ciel.
f. Les héroïnes .... *(grecs)* sont .... *(courageux)*.

12 ** **Soulignez les adjectifs au féminin et entourez l'adjectif au masculin.**

[La forêt] resta silencieuse et abandonnée et on y voyait seulement de temps à autre un aigle ou un vautour qui la survolait. Cela dura ainsi de nombreuses années. Un jour, un chasseur étranger se présenta au roi. Il cherchait du travail et s'offrait pour pénétrer dans la dangereuse forêt. Le roi n'y consentit pas. Il dit : « La forêt est suspecte… ».

Les Frères Grimm, « Jean de Fer », *Contes*, trad. P. Durand, © Gründ, 1963.

Accorder l'adjectif en genre

L'adjectif qualificatif prend le **genre** (**masculin** ou **féminin**) du nom auquel il se rapporte.

Exemples un homme bavard
→ une femme bavarde

Nom masculin → adjectif qualificatif au masculin

Nom féminin → adjectif qualificatif au féminin

13 * **Entourez la bonne réponse.**

a. Alexandre a un chat *noire / noir*.

b. La région est *belle / beau*.

c. As-tu lu cette tragédie *grec / grecque* ?

d. La route n'est pas *longue / long*.

14 ** **Accordez l'adjectif avec le nom qu'il qualifie.**

a. une lumière …………………… *(vif)*

b. une bague …………………… *(ancien)*

c. un film …………………… *(intéressant)*

d. une tempête …………………… *(violent)*

15 ** **Écrivez l'adjectif au masculin.**

a. une fille sportive → un garçon ……………

b. une glace délicieuse → un cake ……………

c. une sortie agréable → un repas ……………

d. une voiture neuve → un vélo ……………

16 ** **Accordez les adjectifs entre parenthèses comme il convient.**

a. Gabrielle, …………………… *(furieux)*, claqua la porte.

b. Cette journée …………………… *(hivernal)* est …………………… *(maussade)*.

c. Je trouve ma boisson …………………… *(amer)*. La tienne est-elle …………………… *(bon)* ?

d. Cette nuit est …………… *(doux)*, …………… *(chaud)* et …………… *(apaisant)*.

17 *** **Réécriture • Réécrivez le texte en remplaçant** « femme » **par** « homme », « chevelure » **par** « postiche » **et** « visage » **par** « figure ». **Faites toutes les modifications nécessaires.**

Une jeune **femme** venait d'entrer dans la cuisine. Environ vingt-huit ans, une épaisse **chevelure** rousse, un **visage** rond et enfantin. Jack Starbright était américaine.

Anthony Horowitz, *Stormbreaker*, « Alex Rider », tome 1, trad. A. Le Goyat, © Le Livre de Poche Jeunesse, 2009.

……………………………………………………………………

……………………………………………………………………

……………………………………………………………………

……………………………………………………………………

15 L'adjectif qualificatif

Former le pluriel de l'adjectif

On forme le **pluriel de l'adjectif qualificatif** :

- le plus souvent, en ajoutant un **-s** ;
- en ajoutant un **-x**, ce qui peut entraîner un changement de la dernière syllabe.

Les adjectifs terminés par *-s* ou *-x* au singulier ont une forme identique au pluriel.

Exemples de haute**s** montagnes
de beau**x** paysages
des amis loyau**x**
des enfants curieu**x**

Le pluriel des adjectifs
- ajout d'un -s au singulier
- adjectifs terminés par -s ou -x au singulier → forme identique au singulier et au pluriel
- ajout d'un -x avec parfois changement de la finale -al → -aux

18 * Mettez ces adjectifs au pluriel en respectant leur genre.

a. petit → ……………………
b. matinal → ……………………
c. fragile → ……………………
d. curieuse → ……………………
e. doux → ……………………
f. incertaine → ……………………

19 * Soulignez les adjectifs qualificatifs masculins qui ont la même forme au singulier et au pluriel.

précis • fatal • observateur • anglais • soucieux • idéal • épais • pauvre • bas • cruel • orgueilleux • tolérant • intrépide • courageux • colérique • vaillant • gris

20 ** Écrivez ces groupes nominaux au pluriel.

a. un poisson cru → ……………………
b. un gros problème → ……………………
c. la belle victoire → ……………………
d. ce plat régional → ……………………
e. un aigle royal → ……………………
f. mon fidèle ami → ……………………

21 *** Mettez ces groupes nominaux au singulier.

a. des sourires amicaux → ……………………
b. des fêtes familiales → ……………………
c. mes bons petits plats → ……………………
d. ces jeux dangereux → ……………………
e. les nuits froides → ……………………
f. des tapis épais → ……………………

22 *** Entourez les adjectifs qualificatifs au pluriel.

Et nous parvînmes à la terre des Cyclopes orgueilleux et sans lois qui, confiants dans les Dieux immortels, ne plantent pas de leurs mains et ne labourent pas […]. Et ils habitent le faîte des hautes montagnes, dans de profondes cavernes.

Homère, *Odyssée*, chant IX, trad. Leconte de Lisle.

Accorder l'adjectif en nombre

L'adjectif qualificatif prend le **nombre** (**singulier** ou **pluriel**) du nom ou du pronom auquel il se rapporte.

Exemples de grand**s** espaces
Elles sont content**es**.

Lorsque l'adjectif qualifie plusieurs noms de genres différents, il se met au masculin pluriel.

Exemple une chemise et un pantalon neuf**s**

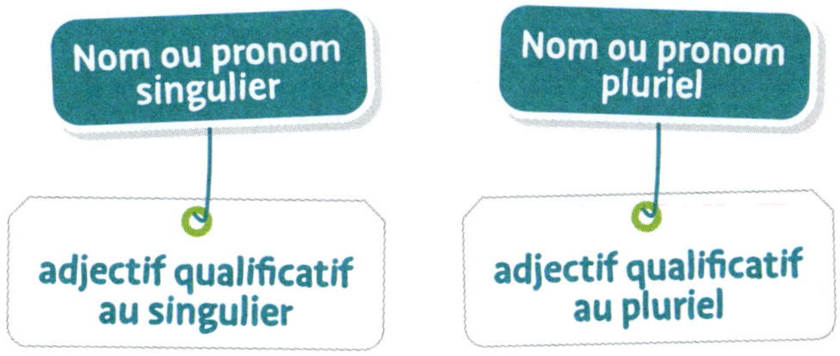

23 * Reliez chaque nom à l'adjectif qualificatif qui convient.

a. des sourires •
b. une fillette •
c. des sorcières •

• malfaisantes
• charmeurs
• souriante

24 ** Écrivez chaque groupe nominal au pluriel.

a. cette vieille amie → ....
b. le tigre menaçant → ....
c. une jolie bague → ....
d. une pomme verte → ....
e. un garçon heureux → ....
f. mon maigre butin → ....
g. ce trophée surprenant → ....
....

25 * Complétez chaque phrase avec un adjectif de votre choix. Faites les accords nécessaires.**

a. En hiver, les jours sont plus ....
b. Mathilde et Pierre, ..., se sont arrêtés.
c. Cette ferme produit des fruits et des légumes ....
d. Marion a acheté trois .... revues.
e. Il attend toujours la .... minute pour travailler.

26 * Accordez les adjectifs dans le texte.**

Le tronc de ce monstre, ... *(couvert)* de .... *(long)* poils .... *(brun)*, rappelait celui d'un gorille et contrastait avec ses membres .... *(glabre)*. Il possédait six bras .... *(puissant)* et deux .... *(long)* jambes aux muscles .... *(saillant)*, prolongées par d'.......... *(énorme)* pieds toujours .... *(nu)*.

D'après **Jean Muzi**, «L'Île au monstre», *54 contes des sagesses du monde*, © Flammarion, 2015.

Bilan L'adjectif qualificatif

Fiches 11 à 16
- Reconnaître un adjectif qualificatif • Former des adjectifs
- Former le féminin de l'adjectif • Accorder l'adjectif en genre
- Former le pluriel de l'adjectif • Accorder l'adjectif en nombre

Je reconnais les adjectifs qualificatifs

27 * Les mots soulignés sont-ils des adjectifs qualificatifs ? OUI NON

a. Nous avons réussi facilement. ○ ○
b. Camille a acheté des roses pour sa mère. ○ ○
c. Julia a trouvé ce problème facile. ○ ○
d. Ce bébé a les joues roses. ○ ○

28 * Soulignez les adjectifs et entourez les mots qu'ils qualifient.

a. Marie porte un pantalon de velours noir.
b. Clément déguste une glace délicieuse.
c. Au fond du couloir obscur brille une lumière.
d. Elle est surprenante.
e. Violette arriva devant un grand parterre de fleurs multicolores.

Je forme des adjectifs à l'aide de suffixes

29 ** Remplacez le GN souligné par l'adjectif qualificatif de même sens.

a. les règles de grammaire → ....
b. une matinée de printemps → ....
c. un jour de pluie → ....
d. le discours du ministre → ....
e. ce message de publicité → ....
f. leur cri de victoire → ....
g. un bruit de métal → ....

30 ** Reliez le radical à son suffixe pour former un adjectif.

a. courag •	• -eux
b. mort •	• -âtre
c. mensong •	• -ique
d. gris •	• -el
e. volcan •	• -er

J'accorde les adjectifs en genre et en nombre

31 * Accordez au féminin les adjectifs entre parenthèses.

a. Mes amis m'ont préparé une .... *(beau)* fête.
b. Aminata est une jeune fille .... *(insouciant)*.
c. L'.............................. *(ancien)* bibliothèque est fermée.
d. Cette boisson .... *(frais)* est .... *(désaltérant)*.

32 * Les adjectifs suivants ont-ils la même forme au masculin et au féminin ?

	OUI	NON
a. drôle	○	○
b. peureux	○	○
c. visible	○	○
d. lumineux	○	○
e. grec	○	○
f. énorme	○	○
g. sincère	○	○

33 * Accordez les adjectifs qualificatifs en genre et en nombre.

a. Gustave et Fabien sont de .... *(grand)* amis.
b. .... *(Étourdi)*, Emma a oublié son cartable.
c. Les deux filles, ... *(surpris)*, s'arrêtèrent.
d. Louis et Amélie sont des enfants .... *(charmant)*.
e. Elles sont .... *(désireux)* de se rendre .... *(utile)*.
f. Nous trouvons ces histoires .... *(émouvant)*.

34 ★★ **Mettez au pluriel les mots soulignés. Faites les accords nécessaires.**

a. Il est très élégant. → ....

b. J'ai vu un ours polaire. → ....

c. Son frère est silencieux. → ....

d. Elle achète un petit carnet. → ....

35 ★★ **Accordez les adjectifs qualificatifs des deux premières phrases. Réécrivez la phrase en italique en remplaçant « bonhomme » par « fée ».**

Dans ce cercueil est étendu... une jeune fille d'une merveilleu..... beauté. Le jeune homme n'en a jamais vu de pareil...... *Assis près du cercueil, enfoui dans un manteau de fourrure, un petit bonhomme pleure, un petit bonhomme tout gris, à l'air boudeur et triste.*

Pierre Gripari, *La Cinq Fois Belle*, © Magnard, 2017.

....

36 ★★★ **Complétez le texte avec les adjectifs qualificatifs suivants :** *pauvre • riche • belle • modeste.* **Faites les accords nécessaires.**

Autrefois dans une ville de Perse vivaient deux frères, Cassim et Ali Baba. Leur père avant de mourir leur avait laissé de .... biens. Cassim épousa la fille d'un .... marchand qui lui légua en héritage une des plus .... boutiques de la ville, tandis qu'Ali Baba se maria avec une femme aussi .... que lui.

Ali Baba et les quarante voleurs, conte des *Mille et Une Nuits*, © Folio Junior, 2009.

À l'écrit

37 ★★ **Écriture •** « Juste en face de lui il vit, dans le clair de lune pâle, un vieillard à l'aspect terrifiant. » **Décrivez en quelques lignes ce personnage en intégrant à votre texte des adjectifs qualificatifs.**

38 ★★★ **Réécriture • Mettez les passages soulignés au pluriel.**

Penché sur la feuille blanche de mon cahier, je n'arrivais pas à fixer mon esprit... Je voyais au-dessus de la chaire la grande carte murale où, quelque part dans l'immense tache verte de la forêt africaine, un point rouge marquait Abesso.

René Guillot, *Le Maître des éléphants*, © Magnard Jeunesse, 2006.

....

39 ★★★ **Dictée • Écrivez la dictée lue par votre enseignant-e.**

....

Les Frères Grimm, « Blanche-Neige », *Contes*, trad. N. Rimasson-Fortin, © Taschen, 2011.

À l'oral

40 ★★ **Inventez pour chaque adjectif deux phrases dans lesquelles l'adjectif n'aura pas le même sens selon sa place.**

brave • ancien • cher

17 Le pronom

Reconnaître un pronom personnel

Les **pronoms personnels** varient en personne, en genre, en nombre et selon leur fonction dans la phrase.

→ Les pronoms de la 1re personne désignent celui qui parle.

→ Les pronoms de la 2e personne désignent celui à qui on parle.

→ Les pronoms de la 3e personne désignent celui dont on parle ou remplacent un nom, un GN ou même une proposition.

Exemples **Je me** demande si **tu** viendras **me** voir.
Fred arrive ce soir, **il** est très content de son voyage.

Le pronom ***on*** a une valeur indéfinie. Le verbe s'accorde au singulier.

Exemple **On** admire la *Joconde* pour son sourire.

Pronoms personnels

- **sujets** : je, tu, il, elle, on, nous, vous, ils, elles
- **compléments** : me, moi, te, toi, se, soi, lui, elle, le, la, l', nous, vous, eux, elles, les, leur, en, y

1 ★ **Remplacez les mots ou groupes de mots entre parenthèses par le pronom personnel sujet qui convient.**

a. *(Arthur)* .... s'entraîne.

b. *(Ambre et moi)* .... déjeunons.

c. *(Ces chaussures)* .... me vont.

d. *(Fabien et toi)* .... avez tort.

2 ★★ **Remplacez chaque groupe nominal souligné par le pronom personnel qui convient.**

a. Il a parlé <u>à cette femme</u>. → ....

b. Manon aime <u>les crêpes au sucre</u>. → ....

c. As-tu lu <u>ce livre</u> ? → .... ?

d. On ne connaît pas <u>l'heure d'arrivée</u>. → ....

3 ★★ **Complétez ces phrases avec les pronoms personnels qui conviennent.**

a. Demain, ... irons au cinéma. Voulez-.......................... venir ?

b. Ils ont réussi le devoir, le professeur .... a bien expliqué la leçon.

c. Elle a apporté des fleurs et Sarah .... a remerciée.

d. Nous sommes ravis, Alex .... a promis de .... inviter à sa fête.

4 ★★★ **Soulignez les pronoms personnels sujets et entourez les pronoms compléments.**

La douleur que sentit le géant lui fit pousser un cri effroyable. Il se leva brusquement et étendit les mains de tous côtés, pour se saisir de quelqu'un de nous, afin de le sacrifier à sa rage ; mais nous eûmes le temps de nous éloigner de lui et de nous jeter contre terre, dans des endroits où il ne pouvait nous rencontrer sous ses pieds.

« Histoire de Sinbad le marin », conte des *Mille et Une Nuits*, trad. A. Galland.

18

Le pronom

Bien utiliser les reprises pronominales

On peut employer une **reprise pronominale** pour éviter de répéter un mot ou un groupe de mots dans une phrase ou un texte.

On peut utiliser un pronom personnel (1), démonstratif (2) ou possessif (3).

Les pronoms prennent le genre et le nombre du mot qu'ils reprennent.

Exemples Claire a un bonnet rouge. Elle **le** met souvent (1).
Celui d'Éva est vert (2). Elle n'aime pas **le tien** (3).

5 * **Entourez les reprises pronominales, puis classez-les dans le tableau.**

– J'ai perdu mon crayon. Peux-tu me prêter le tien ?

– J'ai un crayon bleu, le veux-tu ? Ou préfères-tu celui-ci ?

– Merci, ils ont l'air très bien ! Je prendrai celui que tu utilises le moins.

Pronoms personnels	Pronoms possessifs	Pronoms démonstratifs
....	....	....

6 ** **Réécrivez la 2e phrase en remplaçant le groupe nominal souligné par un pronom personnel, démonstratif ou possessif.**

a. Mehdi est allé chez le voisin. Il a emprunté au voisin son marteau.

→ ....

b. Tu as appelé Tom et Léo pour aller au cinéma. Tom et Léo t'ont dit qu'ils n'étaient pas libres.

→ ....

c. J'ai acheté ma robe dans ce magasin. Et toi, où as-tu trouvé ta robe ?

→ ....?

7 *** **Réécriture • Réécrivez le texte en remplaçant les mots en gras par un pronom personnel.**

Quand le pêcheur avait commencé à pêcher, Mondo était venu à côté **du pêcheur**, sur le brise-lames, et **Mondo** avait regardé **le pêcheur** préparer les hameçons. Le pêcheur montrait **à Mondo** comment on appâte, puis comment on lance.

D'après **J.M.G. Le Clézio**, *Mondo*, © Gallimard, 1978.

....

....

....

....

....

19

Le pronom

Distinguer pronom personnel et article défini (*le, la, les, l'*)

Le, la, les, l' placés avant un verbe sont des **pronoms personnels**.

Le, la, les, l' placés devant un nom sont des **articles définis**.

Exemples Olivier **les** appelle. *(pronom personnel)*
Les enfants aiment jouer. *(article défini)*

le, la, les, l'
- placés devant un verbe → pronoms personnels
- placés devant un nom → articles définis

8 * Dans ces phrases, *le, la, les,* l' **sont-ils des pronoms personnels (PP) ou des articles définis (AD) ?**

	PP	AD
a. Il a **le** droit de refuser.	○	○
b. **Les** élèves sont calmes.	○	○
c. Marie **l'**a sauvé de la noyade.	○	○
d. Pierre **la** laisse tranquille.	○	○

9 * Soulignez *le, la, les, l'*, **pronom personnel, et entourez** *le, la, les, l'*, **article défini.**

a. Le maire a félicité l'équipe sélectionnée.

b. Sami est en colère et je le comprends.

c. Les films les ont intéressés et ils nous ont dit d'aller les voir.

d. La sœur de Manon l'a accusée d'avoir cassé ce vase.

e. Cette solution est la meilleure. Nous la choisissons.

10 ** Complétez ces phrases avec *le, la, les, l'* **et indiquez entre parenthèses leur classe grammaticale : article défini (AD) ou pronom personnel (PP).**

a. .... (................) chien saute sur son maître et .... (................) fait tomber.

b. Quand tu auras compris .... (................) exercices, tu .... (................) résoudras.

c. Tu laves .... (.............) vaisselle, je .... (.............) essuie et Léo .... (.............) range.

d. .... (................) avatar qu'il a choisi .... (................) satisfait tout à fait.

11 * Soulignez** *le, la, les, l'*, **pronom personnel, et entourez** *le, la, les, l'*, **article défini. À l'oral, précisez la classe grammaticale du mot qui suit** *le, la, les, l'*.

Il va de l'un à l'autre de ses partisans, il les appelle par leur nom, il leur demande de l'aide. Pas de réponse. Il a du mal à se convaincre de la réalité. Il les touche : ce qu'il touche, c'est du marbre. Alors il s'éloigne d'eux, s'approche du vainqueur et, sans oser le regarder, suppliant, il tend les bras vers lui, la tête tournée de l'autre côté.

« Tu l'emportes, Persée !... »

Françoise Rachmühl, « Les Aventures de Persée », *16 Métamorphoses d'Ovide*,

Distinguer pronom démonstratif et déterminant possessif (ça, sa)

Ça, forme contractée de *cela*, est un **pronom démonstratif**.

Exemple Luc aime jouer à **ça**.

Sa précède un nom ou un adjectif au féminin singulier, c'est un **déterminant possessif**.

Exemple Il a perdu **sa** montre.

ça ou sa ?

- on peut remplacer *ça* par *cela* → **pronom** — As-tu vu ça (cela) ?
- on peut remplacer *sa* par *ma* ou *ta* → **déterminant** — C'est sa (ma) moto.

12 * **Soulignez les pronoms démonstratifs et entourez les déterminants possessifs.**

a. Ça demande du travail.
b. Je vais voir ça avec ton père.
c. Il a utilisé sa boussole.
d. Sa peur est bien réelle.

13 * **Soulignez la forme qui est correcte.**

a. Marie a mis *sa / ça* jupe bleue pour sortir avec ses amis.
b. Si *sa / ça* ne te convient pas, dis-le moi.
c. Tu m'écoutes, je ne veux absolument pas de *ça / sa*.
d. Il a perdu *sa / ça* chaîne en or à la piscine.

14 ** **Complétez les phrases avec *sa* ou *ça* et indiquez la classe grammaticale du mot choisi.**

a. Il a changé .... voiture, on ne sait pourquoi. •
b. Viens plutôt cet après-midi, ... m'arrange. •
c. .... par exemple ! Il a trébuché. •
d. Prends .... place, elle est absente ce matin. •

• pronom démonstratif
• déterminant possessif

15 *** **Complétez le texte avec *ça* ou *sa*.**

En sortant du café, Mario mit machinalement la main dans .... poche et en retira une feuille de papier.

« Qu'est-ce que c'est que .... ? », se demanda-t-il. Il trouva .... bizarre car ce matin, il n'y avait rien dans .... poche, il en était sûr, à l'exception de .... clé. Il n'avait pas non plus le souvenir d'avoir vu quelqu'un s'approcher de .... veste lorsqu'il l'avait posée sur le dossier de .... chaise dans le café. Il aperçut sur la feuille un dessin orné de signes étranges. .... alors, il n'y comprenait rien... Décidément, ... quête l'emmenait il ne savait où et .... l'inquiétait.

Ariane, *Je m'amuse*, © Magnard, 2018.

Bilan Le pronom

Fiches 17 à 20

- Reconnaître un pronom personnel
- Bien utiliser les reprises pronominales
- Distinguer *le, la, les, l'*
- Distinguer *ça* et *sa*

Je reconnais les pronoms personnels

16 * Les mots soulignés sont-ils des pronoms personnels ?

	OUI	NON
a. Personne n'est venu.	○	○
b. Il les a vus hier.	○	○
c. Viens avec moi ce soir.	○	○
d. Il la reconnaît.	○	○
e. Cela m'intéresse.	○	○

17 ** Complétez chaque phrase avec les pronoms personnels qui conviennent.

a. Après .... avoir quittés, ... t'avons rencontré.

b. ...., ... ai terminé mon livre.

c. ....avez retrouvée à l'hôtel.

18 ** Réécrivez les phrases en remplaçant les mots soulignés par un pronom personnel.

a. Clément et moi allons à la chorale.

→ ....

b. La pluie a surpris les vacanciers.

→ ....

c. Lila ouvre son cadeau. → ....

19 * Soulignez les pronoms personnels, puis classez-les dans le tableau.**

Diomède applaudit bruyamment :

– Sage résolution ! Sans Philoctète, pas d'arc ni de flèche. C'est Héraclès qui les lui a donnés pour le remercier de l'avoir aidé à édifier son bûcher sur le mont Œta. Je serais étonné qu'il accepte de vous aider.

Claude Merle, *Ulysse*, © Bayard Jeunesse, 2011.

	Pronom sujet	Pronom complément
1re pers.	....	....
2e pers.	....	....
3e pers.	....	....

Je sais utiliser les reprises pronominales

20 * Remplacez le groupe de mots souligné par un pronom personnel.

a. Tu as ton compas. Je peux emprunter ton compas ? → ....

b. La viande est cuite. Il coupe la viande.

→ ....

c. Voici mon frère : mon frère est ingénieur.

→ ....

21 ** Complétez les phrases avec un pronom possessif : *la leur* • *le tien.*

a. Mon chien s'appelle Eliot, tu as nommé .... Pilou.

b. Notre école ne ressemble pas à ....

22 ** Complétez les phrases avec un pronom démonstratif : *celui-ci* • *celle-ci.*

a. La pauvre mère alla demander conseil à sa voisine. .... lui dit qu'il fallait porter le petit monstre dans la cuisine.

b. Le roi envoya faire au petit tailleur une offre que .... ne pouvait manquer d'accepter en sa qualité de héros.

D'après **J. et W. Grimm**, *Contes choisis*.

23 ** Entourez les reprises pronominales du groupe nominal en gras.

Le Petit Chaperon rouge partit aussitôt pour aller chez sa mère-grand [...]. En passant dans un bois, elle rencontra compère le Loup qui eut bien envie de la manger ; mais il n'osa, à cause de quelques Bûcherons qui étaient dans la forêt. Il lui demanda où elle allait.

Charles Perrault, *Le Petit Chaperon rouge*, 1697.

Je distingue pronom personnel et article défini

24 * **Les mots en gras sont-ils des pronoms personnels ?**

	OUI	NON
a. Félix **les** a vues hier.	○	○
b. **Les** garçons sont arrivés en retard.	○	○
c. **La** femme s'est enfuie.	○	○
d. Il **la** reconnaît.	○	○
e. Nous ne **le** voyons plus.	○	○

25 ** **Soulignez les pronoms personnels et entourez les articles définis.**

a. Je le trouve étourdi, il a oublié les billets.

b. La projection de ce film les intéresse.

c. Le réveil est cassé, Théo va le jeter.

d. Tu as emprunté la guitare, merci de la rapporter.

26 *** **Soulignez les articles définis. Entourez les pronoms personnels compléments.**

M. Seguin n'avait jamais eu de bonheur avec ses chèvres. Il les perdait toutes de la même façon : un beau matin, elles cassaient leur corde, s'en allaient dans la montagne, et là-haut le loup les mangeait. Ni les caresses de leur maître, ni la peur du loup, rien ne les retenait.

Alphonse Daudet, *La Chèvre de M. Seguin*, 1866.

Je sais employer *ça* et *sa*

27 * **Complétez chaque règle.**

a. « Cela » est un pronom démonstratif. Sa forme contractée s'écrit ....

b. Si je peux remplacer par « ma », c'est un déterminant possessif qui s'écrit ....

28 ** **Complétez les phrases avec *ça* ou *sa*.**

a. .... fait longtemps que tu n'es pas venu.

b. Il a enfin revu .... meilleure amie.

c. .... voiture a disparu, ... signifie qu'on la lui a volée.

À l'écrit

29 ** **Écriture • Inventez une petite histoire à partir de ces deux phrases :** Tu as vu ça ? Comment l'empêcher ? **Vous devrez employer au moins quatre pronoms personnels dans votre texte.**

30 *** **Réécriture • Réécrivez le texte en remplaçant les GN en gras par un pronom personnel.**

Cher Papa, je voudrais bien que tu viennes reprendre le réveille-matin. Tu m'avais donné **le réveille-matin** avant que je parte de Téhéran et maman et sœur Laurence avaient dit que **le réveille-matin** était très beau. Moi aussi je trouve **le réveille-matin** très beau.

D'après **J.M.G. Le Clézio**, *Lullaby*, © Gallimard, 1978.

....

....

....

....

....

31 *** **Dictée • Écrivez la dictée lue par votre enseignant-e.**

....

....

....

....

....

....

....

....

Anthony Horowitz, Raven's Gate, *Le pouvoir des cinq*, t. 1, trad. A. Le Goyat, © Le Livre de Poche Jeunesse, 2009.

À l'oral

32 ** **Faites deviner à vos camarades l'objet ou le personnage de votre choix.**
Vous utiliserez pour le désigner des pronoms personnels ou le pronom démonstratif « ça ».

21

Le verbe

Reconnaître un verbe

Le **verbe**, noyau du groupe verbal, **se conjugue** : il change de forme selon la personne, le temps, le mode, la voix.

Pour reconnaître le verbe, on peut :

- changer le temps de la phrase
  → le verbe est le seul mot qui varie ;
- mettre la phrase à la forme négative
  → le verbe est encadré par la négation *ne*... *pas*.

Exemples Je **prends** le train. → Je **prendrai** le train.
Vous venez. → Vous **ne** venez **pas**.

Dans le dictionnaire, le verbe est noté à l'infinitif.

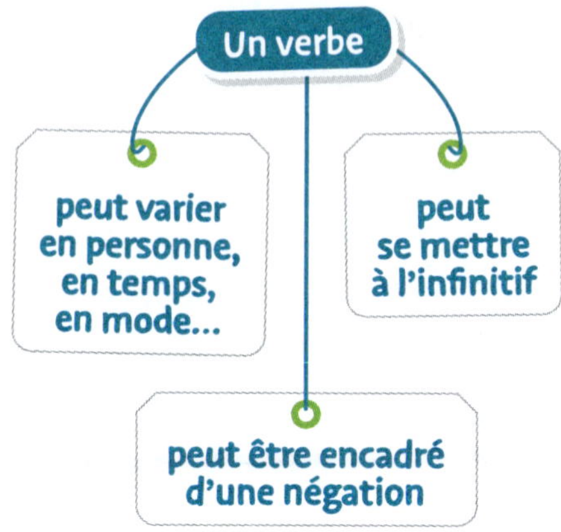

1 Les mots soulignés sont-ils des verbes ?

	OUI	NON
a. Gaël pêche dans la rivière.	○	○
b. Louise montre son cadeau à Cyril.	○	○
c. La pêche a été bonne.	○	○
d. Sa montre est toute neuve.	○	○

2 Dans la liste suivante, entourez les verbes à l'infinitif.

partie • visage • encadrer • soirée • envisager • boire • côtier • accepter • habituel • finir • usager • coutumier • partir • parloir • train • traîner • vider • pourparlers

3 Soulignez les verbes conjugués.

a. Yvan conduit la voiture de son père.
b. Charlotte attend son frère.
c. En été, Lila cueille des fleurs.
d. Mes parents m'ont offert un vélo.

4 Complétez chaque phrase avec un verbe de la liste.

viendrez • passe • apporterai • aimons

a. Matis .... nous voir tous les soirs après les cours.

b. La prochaine fois, j'.. des jeux de société.

c. ....-vous pique-niquer avec nous demain ?

d. Nous .... participer à des tournois d'échecs.

**5 Soulignez les verbes conjugués et entourez le verbe à l'infinitif.
À l'oral, précisez quels éléments vous ont permis de reconnaître ces verbes.**

Puis [Iris] se tourna vers Hector et dit :
« Hector c'est à toi d'agir. Il y a de nombreux alliés dans la grande ville de Priam. Que chaque chef mène ses troupes au combat. »

Homère, l'*Iliade*, texte abrégé par C. Maret et Y. Dubois,
© Le Livre de Poche Jeunesse, 2003.

Distinguer radical et terminaison

Le **verbe** est formé de deux éléments :
- le **radical**, partie fixe du verbe qui indique son sens ;
- la **terminaison** qui varie selon la personne, le temps, le mode...

On trouve le radical du verbe en retirant la terminaison.

Exemples Elle march/**ait** (march : radical ; ait : terminaison) • écout/**er** (écout : radical ; er : terminaison)

Certains verbes ont plusieurs radicaux.

Exemple *venir* : tu viens, vous venez, il viendra

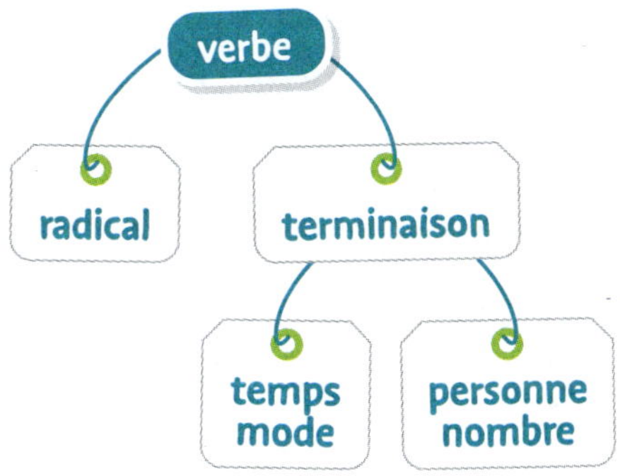

6 * Entourez le radical des verbes à l'infinitif.

- rentrer • gronder • finir • entendre • partir
- écrire • chanter • sourire • offrir • oser

7 * Soulignez les verbes et séparez le radical de la terminaison.

a. Nous parlons de nos projets de vacances.
b. Ce bébé grandit vite.
c. Le professeur complimente ses élèves.
d. Le public applaudissait les acteurs.
e. Tenez ce fromage !
f. Comme il semble bon !

8 ** Complétez le radical du verbe avec la terminaison qui convient.

aient • ent • erons • ez • ir

a. Demain, nous visit.................. la ville.
b. Il y a une semaine ils fêt................. Noël.
c. Mes parents arriv.......... dans cinq minutes.
d. Pouv........ -vous approfond...... votre travail ?

9 ** Faites précéder le verbe conjugué du pronom personnel qui convient. Il peut y avoir plusieurs solutions.

a. .... boit un chocolat chaud.
b. .... allons déjeuner au restaurant.
c. .... souhaitent partir au Brésil.
d. .... deviez arriver plus tôt à la gare.

10 * Soulignez les verbes conjugués et séparez le radical de la terminaison.**

Le silence retomba. Pierrot et mamie se penchèrent de nouveau sur l'énigme. Pour ma part, je les observais sans bruit, impuissante. Que pouvait-il se passer dans leur tête à ce moment-là ? Ils avaient l'air si concentrés. Qu'espéraient-ils découvrir ?

Mickaël Launay, *L'Affaire Olympia*, © Le Pommier, 2013.

Connaître les trois groupes de verbes

Les verbes sont classés en **trois groupes** :

→ **1er groupe :** les verbes dont l'infinitif se termine en *-er*, sauf *aller* ;

→ **2e groupe :** les verbes dont l'infinitif est en *-ir* et le participe présent en *-issant* ;

→ **3e groupe :** les autres verbes, aux infinitifs en *-ir*, *-oir*, *-re* + le verbe *aller*.

Exemples chanter → 1er groupe, finir → 2e groupe, voir → 3e groupe

Être et *avoir* sont des auxiliaires quand on les utilise pour mettre les verbes aux temps composés.

Les trois groupes de verbes

- **1er groupe : infinitif en -er, sauf *aller***
- **3e groupe : tous les autres verbes + *aller***
- **2e groupe : infinitif en -ir, participe présent en -*issant***

11 * **Classez ces verbes dans le tableau.**

dormir • chercher • rendre • aller • changer • salir • partir • punir • voyager • bâtir

1er groupe	2e groupe	3e groupe

12 * **Barrez l'intrus dans chaque liste.**

a. chanter • aboyer • affronter • aller • jouer

b. écrire • applaudir • lire • dormir • dire

c. boire • vouloir • entonnoir • croire • savoir

d. finir • affaiblir • pourrir • haïr • rire • choisir

13 ** **Donnez l'infinitif des verbes et indiquez leur groupe.**

a. Ils obéissent facilement à leurs parents. → ....

b. J'apprécie beaucoup les films d'aventures. → ....

c. Valentin aperçoit au loin un voilier. → ....

14 *** **Soulignez les verbes conjugués du texte et classez-les dans le tableau en donnant leur infinitif. Entourez les deux verbes à l'infinitif.**

Dans la tente réservée au prisonnier, Tahir attend longtemps la décision du conseil. De la maison de toile du cheik sortent les éclats de voix d'un débat très animé. Près de lui, Ebad reste silencieux.
« Crois-tu qu'ils me feront mourir ? finit par demander Tahir.

Odile Weulersse, *Le Cavalier de Bagdad*, © Le Livre de Poche Jeunesse, 2001.

1er groupe	2e groupe	3e groupe

Savoir lire un tableau de conjugaison

Dans les **tableaux de conjugaison**, les verbes sont classés :

- par **groupes** (*cf.* Leçon 23)
- par **modes** : on distingue 3 modes personnels et 2 modes impersonnels (qui n'ont pas de personne).
- puis, à l'intérieur des modes, par **temps** (d'abord les temps simples, puis les temps composés)

Les verbes sont conjugués dans l'**ordre des personnes**.
Être et *avoir* ont chacun un tableau distinct.

Exemples finir → 2ᵉ groupe
il part → indicatif présent, 3ᵉ personne du singulier

Les modes
- **personnels** : indicatif, impératif, subjonctif
- **impersonnels** : infinitif, participe

Les temps
- **simples** : présent, imparfait, futur, etc.
- **composés** : passé composé, plus-que-parfait, etc.

15 * Reliez le pronom personnel à la forme verbale qui convient.

a. on •	• voit	d. nous •	• courent
b. je •	• conduisez	e. ils •	• parles
c. vous •	• réfléchis	f. tu •	• applaudissons

16 ** Soulignez les verbes puis précisez à quels temps de l'indicatif ils sont employés.

a. Pierre disputait un match. → ....

b. Alice ira en Irlande. → ....

c. Boris joue au foot. → ....

d. Lena a passé son permis. → ....

17 ** À quel mode les verbes soulignés sont-ils ?

	INDICATIF	IMPÉRATIF	PARTICIPE	INFINITIF
a. Attention, ne pas <u>franchir</u> la clôture.	○	○	○	○
b. Ne <u>soyez</u> pas en retard aujourd'hui.	○	○	○	○
c. <u>Invites</u>-tu Paul à mon anniversaire ?	○	○	○	○
d. <u>Craignant</u> la foule, Marc s'éloigna.	○	○	○	○

18 *** Entourez au moins trois verbes à des temps différents de l'indicatif, puis soulignez en bleu un verbe à l'impératif et en rouge un verbe à l'infinitif.

À l'époque, je me trouvais non loin de Pompéi, en compagnie de mon oncle, à Misène, port où mouillait sa flotte de guerre. Ce fut à l'aube de cette journée funeste que ma mère adoptive, affolée, nous réveilla tous deux, pour nous entraîner sur la terrasse de leur villa.

– Mon époux ! Mon fils ! Regardez ce qui se passe !

Jean-Pierre Andrevon, *Les Héros de la Rome antique*, © Nathan, 2010.

Bilan Le verbe

Fiches 21 à 24
- Reconnaître un verbe
- Distinguer radical et terminaison
- Connaître les trois groupes
- Savoir lire un tableau de conjugaison

Je reconnais les verbes

19 * Soulignez les verbes.

figurer • veillée • veiller • tinter • vieillir • zèle • marée • conclure • vieux • mettre

20 * Indiquez si les mots soulignés sont des noms ou des verbes. NOM VERBE

a. Marthe a déménagé sans laisser d'adresse.
b. Il lui adresse ses vœux.
c. Fabien compte les jours jusqu'aux vacances.
d. Il a donné le signal du départ.
e. On signale un accident sur l'autoroute.

21 ** Soulignez les verbes conjugués.

Il se leva de bon matin, et alla au bord du ruisseau où il emplit ses poches de petits cailloux blancs, et ensuite revint à la maison. On partit et le Petit Poucet ne découvrit rien du tout de ce qu'il savait à ses frères. Ils allèrent dans une forêt épaisse, où à dix pas de distance on ne se voyait pas l'un l'autre.

Charles Perrault, « Le Petit Poucet », *Contes de ma mère l'Oye*, 1697.

Je distingue radical et terminaison

22 ** Séparez par un trait le radical de la terminaison des verbes.

a. Bavard, il parle tout le temps.
b. Nous allons au cirque.
c. Vous prendrez le train.
d. Tu saisis un verre.

23 ** Complétez ces infinitifs avec la terminaison *-ir* ou *-ire* selon les cas.

• constru…… • sour…… • préd……
• introdu…… • nourr…… • franch……

Je connais les trois groupes

24 * À quel groupe appartient chaque infinitif ?

a. Pense à prendre ton sac de piscine. •
b. Il n'y a pas de quoi soupirer. •
c. Pourrais-tu nous faire un gâteau ? •
d. Il faut applaudir à la fin du spectacle. •

• 1er groupe
• 2e groupe
• 3e groupe

25 ** Entourez les verbes du 2e groupe. Comment les reconnaissez-vous ?

établir • fleurir • grandir • intervenir • franchir • fuir • gravir • garantir • introduire • sourire

→ ……

26 ** Mettez à l'infinitif avec la terminaison qui convient.

• boi…… • offr…… • chang……
• écout…… • pol…… • voul……
• class…… • ski…… • cré……

27 ** Donnez l'infinitif des verbes et indiquez leur groupe.

a. nous allons → ……
b. je choisis → ……
c. tu discutes → ……
d. il vendra → ……
e. elle viendra → ……

28 ** Notez le groupe de chaque verbe.

Vénus, émue de voir (…… *gr.*) souffrir (…… *gr.*) son fils, vient (…… *gr.*) en secret apporter (…… *gr.*) une plante miraculeuse pour le guérir (…… *gr.*).

Je sais lire un tableau de conjugaison

29 * **À quel mode sont les verbes soulignés ?**

a. Il veut participer à l'exposé. → ....

b. Attendez-moi, j'arrive. → ....

c. Nous devons arriver à l'heure. → ....

d. Parti tôt, il arriva le premier. → ....

30 ** **Complétez les phrases avec un pronom personnel qui convient.**

a. Aimeraient-...................... que tu téléphones ?

b. .... n'ai pas acheté de gâteau.

c. Le mardi, ... préparait des crêpes pour le goûter.

d. .... devez ranger votre chambre.

31 *** **Entourez les verbes à l'infinitif. Puis soulignez les formes verbales conjuguées et classez-les dans le tableau.**

Le septième jour, Warda et ses parents reçurent les trois frères.
– Vous avez tous les trois rapporté des cadeaux uniques au monde, dit la jeune fille, et je vous en remercie. Comme ils possèdent tous une valeur équivalente, je pourrais épouser n'importe lequel d'entre vous trois. Et puisqu'il fallait vous départager, j'ai décidé de prendre pour mari le plus généreux des trois.

Jean Muzi, « Les Trois Frères », *25 Contes de la Méditerranée*, © Flammarion, 2006.

Indicatif Présent	....
Indicatif Passé Composé	....
Indicatif Imparfait	....
Indicatif Passé simple	....
Conditionnel Présent	....

À l'écrit

32 ** **Écriture • Vous entendez un bruit mystérieux. Racontez.** Le temps principal du récit sera le présent de l'indicatif et vous emploierez les expressions : *en ce moment* • *il y a cinq minutes* • *la semaine prochaine*.

33 *** **Réécriture • Réécrivez le texte en mettant les verbes entre parenthèses au présent de l'indicatif.**

Derrière lui, il *(entendre)* la course de ses poursuivants. Ils *(aller)* le rattraper, c'*(être)* sûr. Ses pieds *(buter)* sur des racines. L'eau *(jaillir)* à chacune de ses enjambées comme pour le retenir. Le souffle déjà lui *(manquer)*. Il *(courir)* toujours haletant.

D'après **Jean-Côme Noguès**, *Au bout des longues neiges*, © Nathan, 2014.

....

....

....

....

....

....

34 *** **Dictée • Écrivez la dictée lue par votre enseignant-e.**

....

....

....

....

....

....

....

....

....

Murielle Szac, *Le Feuilleton d'Hermès*, © Bayard Jeunesse, 2006.

À l'oral

35 *** **Trouvez le plus rapidement possible l'infinitif et le groupe de chacune de ces formes verbales :** *je cours* • *nous pouvons* • *elles décident*.

25 Les mots invariables

Reconnaître un adverbe

Les **adverbes** et locutions adverbiales (formées de plusieurs mots) sont des mots **invariables** : leur orthographe ne varie pas.

Ils précisent ou modifient un élément de la phrase ou la phrase elle-même.
Ils peuvent généralement être supprimés.

Ils peuvent exprimer la manière, le temps, le lieu, l'intensité, la négation (voir leçon 37)…

Exemples Il marche **lentement** (*lentement* précise le sens du verbe *marcher*).
Après-demain, il pleuvra. Viens **ici**. J'ai **très** faim.

Les adverbes expriment

- **le temps** : hier, maintenant, demain…
- **la quantité, l'intensité** : très, trop, assez…
- **le lieu** : ici, là, là-bas…
- **la manière** : bien, mal, vite… + adverbes en *-ment*

1 * **Entourez les mots qui sont des adverbes.**

vrai • intensément • ennuyeux • beaucoup • inventé • ailleurs • joli • assurément • évident • invraisemblable • durement • dehors • content • autrefois • jamais

2 * **Soulignez les adverbes dans les phrases suivantes.**

a. Tu auras certainement un contrôle demain.
b. Hier, Pierre s'est levé très tôt.
c. Alice a probablement raté le train.
d. Nos cousins viendront bientôt nous voir.
e. Elle réussit brillamment son examen.
f. Soudain, Léo apparut rayonnant.

3 ** **Classez les adverbes de la liste dans le tableau.**

ici • lentement • maintenant • autrefois • gentiment • vite • moins • partout • beaucoup • dehors • davantage • déjà

Manière	Temps	Lieu	Quantité/Intensité
....	....	....	....
....	....	....	....

4 ** **Complétez les phrases avec les adverbes et locutions adverbiales de la liste.**

peut-être • bien • tard • trop

a. Cette voiture roule .... vite.
b. Ils sont restés ....
c. Les enfants iront .... à la piscine.
d. Issa a .... réussi son examen.

5 *** **Soulignez les adverbes du texte. À l'oral, précisez la nuance qu'ils expriment.**

À cette heure, elle n'est plus loin, elle est là, pour moi toute proche, la cruelle mort. Nul moyen de lui échapper. C'était donc là depuis longtemps le bon plaisir de Zeus, ainsi que de son fils, l'Archer, eux qui naguère me protégeaient si volontiers ! Et voici maintenant le Destin qui me tient.

Homère, l'*Iliade*, chant XXII, trad. de P. Mazon, © Les Belles Lettres, Paris, 1937.

Reconnaître des prépositions

Les **prépositions** sont des mots invariables qu'on ne peut pas supprimer. Elles introduisent un mot ou un groupe de mots complément qu'elles relient à un élément précédent.

Exemples Le chat dort **sur** le lit. Viens **avec** nous.
Elle nous fait une tasse **de** thé.

On trouve :

→ des prépositions simples = un seul mot
(*à, de, en, avec, pour, par, chez, sous, sur, pendant, etc.*)

→ des locutions prépositives = plusieurs mots
(*à cause de, à côté de, grâce à, près de, etc.*)

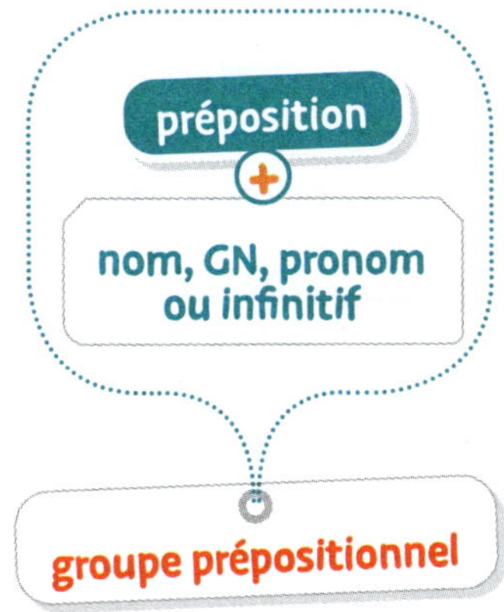

6 * Entourez les mots qui sont des prépositions dans cette liste.

de • beaucoup • mon • pour • en • bientôt • à • un • chez • certain • sous • par • le • vers • ces • dans • durant • depuis • mais • devant • demain • bien

7 ** Soulignez les prépositions dans chaque phrase.

a. J'ai couru pendant une heure pour m'entraîner.
b. Valérie est en colocation avec une amie.
c. Léon téléphone à Chloé.
d. Le bébé dort dans son berceau.
e. Il est heureux de se retrouver entre amis.
f. Le stade est derrière la mairie.

8 ** Complétez les phrases avec les prépositions de la liste qui conviennent.

à • pendant • pour • devant • chez • vers • par

a. Karim nous a donné rendez-vous .... le cinéma.

b. .... les vacances de février, Agathe part skier.

c. Dimanche prochain, ils passeront la journée .... des amis.

d. On a offert .... Louise un collier .... son anniversaire.

e. Ils se sont rencontrés .... hasard .... la gare.

9 * Entourez les prépositions et locutions prépositives dans cet extrait de poème. Précisez à l'oral le sens apporté par ces prépositions.**

J'ouvre la fenêtre,
Devant moi, la mer.
Un vol de mouettes !
Sous elles, la mer.
Des gens se rassemblent,
Derrière eux, la mer.
Je sors de ma chambre,
Près de moi, la mer.
Un bateau navigue,
À sa proue, la mer. […]

Maurice Carême, « La mer est partout », *La Mer du Nord*, © Nathan, 1971.

27 Reconnaître les conjonctions de coordination

Les **conjonctions de coordination** servent à relier deux éléments qui ont la même fonction grammaticale. Elles se placent entre les éléments (des mots, des groupes de mots ou des propositions) qu'elles unissent.

Exemples Achète du pain **et** du fromage.
Ils courent **car** ils sont en retard.

Chaque conjonction de coordination exprime un rapport logique :

- L'addition : *et*, *ni* (négatif)
- L'opposition : *mais*, *or*
- Le choix : *ou*
- La cause : *car*
- La conclusion : *donc*

Les conjonctions de coordination
mais, ou, et, donc, or, ni, car

10 Entourez les conjonctions de coordination.

a. Elles ont planté des rosiers et des tulipes.
b. Sais-tu s'ils iront en Espagne ou en Italie ?
c. Émilie n'aime ni les épinards ni les endives.
d. Le dentiste n'est pas là mais il va arriver.

11 Complétez les phrases avec la conjonction de coordination qui convient.

a. C'est un film facile à comprendre .... agréable à suivre.
b. Le voleur voulait s'échapper, ... il tomba sur les policiers.
c. Le skieur avait le nez gelé .... le vent était glacial.
d. La porte était fermée, le chat passa .... par la fenêtre.

12 Imaginez la fin de chacune de ces phrases.

a. Les enfants ont acheté un livre à leur père mais ....
b. Élodie a donné rendez-vous à Sarah, or ....

13 Réécriture • Réécrivez le texte en plaçant chaque conjonction de coordination de la liste au bon endroit : *or • et • mais • car.*

Il s'appelait Daniel, ★ il aurait bien aimé s'appeler Sinbad, ★ il avait lu ses aventures dans un gros livre relié en rouge qu'il portait toujours avec lui, en classe ★ dans le dortoir. ★ je crois qu'il n'avait jamais lu que ce livre-là.

D'après **J.M.G Le Clézio**, *Celui qui n'avait jamais vu la mer*, © Gallimard, 1978.

....

....

....

Distinguer des homophones (et/est, mais/mes, ni/n'y, où/ou)

Les **homophones grammaticaux** se prononcent de la même façon, mais s'écrivent différemment : *et/est, mais/mes, ni/n'y, où/ou* appartiennent à des classes grammaticales différentes. On peut les distinguer par remplacement.

Classe grammaticale →	Remplacement
et : conjonction de coordination **est :** verbe *être*, 3e personne du singulier Il **est** grand **et** mince.	Remplacer par *ou*. Remplacer par *était*. Il **était** grand **ou** mince.
mais : conjonction de coordination **mes :** adjectif possessif J'ai mis **mes** gants **mais** je n'ai pas trouvé d'écharpe.	Remplacer par *et*. Remplacer par *tes*, *ses*. J'ai mis **tes/ses** gants **et** je n'ai pas trouvé d'écharpe.
ni : conjonction de coordination **n'y :** négation élidée *n'* + *y* Il n'a prêté **ni** son compas **ni** sa règle. Il **n'y** a pas pensé.	Remplacer par *et pas de* ou *et aucun*. Remplacer par *ne… à cela*. Il n'a prêté **aucun** compas **et aucune** règle. Il **n'**a pas pensé **à cela**.
où : pronom relatif ou interrogatif **ou :** conjonction de coordination **Où** va-t-il ? Au cinéma **ou** au musée ?	Remplacer par *à quel endroit*, *dans lequel*. Remplacer par *ou bien*. **À quel endroit** va-t-il ? Au cinéma **ou bien** au musée ?

14 ** **Complétez les phrases avec *ni* ou *n'y*.**

a. Paul n'a voulu .... jouer au foot .... sortir avec ses amis.

b. Ces problèmes sont difficiles, nous .... comprenons vraiment rien.

c. .... ses pleurs .... ses prières .... feront rien.

15 ** **Remplacez les mots en gras soit par *où*, soit par *ou*.**

a. Nos parents ne savent pas **à quel endroit** (................) aller en vacances cette année.

b. **À quel endroit** (...............) va cet avion ? En Nouvelle-Calédonie **ou bien** (................) en Guyane ?

c. J'hésite entre faire une tarte aux pommes **ou bien** (...............) un clafoutis.

16 *** **Soulignez la forme correcte.**

Paulo se rendit chez les créanciers pour rembourser les dettes accumulées. La famille du mort le remercia chaleureusement, *mes* / *mais* il n'avait plus un sou. *Est* / *Et* il se trouvait désormais dans l'impossibilité de se marier si jamais il rencontrait la femme idéale. C'*est* / *et* alors qu'une voix l'appela : « Paulo, Paulo… » Il fit volte-face *mes* / *mais* ne vit personne.

D'après **O. Larizza**, « La Ville-aux-rasoirs », *24 Contes des Antilles*, © Flammarion, 2004.

Bilan Les mots invariables

Fiches 25 à 28
- Reconnaître un adverbe
- Reconnaître des prépositions
- Connaître les conjonctions de coordination
- Distinguer des homophones

Je reconnais les adverbes et les prépositions

17 * Les mots soulignés sont-ils des adverbes (A) ou des prépositions (P) ?

	A	P
a. Le clown est venu près de moi.	○	○
b. Fabien court très vite.	○	○
c. Léa marche devant ses frères.	○	○
d. Il est vraiment débrouillard.	○	○

18 ** Soulignez les adverbes et entourez les prépositions.

a. Nous avons pique-niqué hier à la campagne.

b. La pluie se mit soudain à tomber violemment.

c. Le chat dort en boule sur le canapé.

d. Ils sont restés longtemps avec le professeur.

19 ** Complétez les phrases avec ces adverbes : *toujours • apparemment • ailleurs • soigneusement • ensemble.*

a. Il a .... raté son train.

b. Violette range .... sa chambre.

c. Nous viendrons vous voir ....

d. On dit que l'herbe est .... plus verte ....

20 ** Complétez les phrases avec ces prépositions ou locutions prépositives : *pour • grâce à • à cause de • contre • par.*

a. Des arbres ont été déracinés .... la tempête.

b. Il passera .... la vallée du Rhône.

c. Fred est venu .... nous aider.

d. .... ses efforts, il est devenu ingénieur.

e. Nous sommes .... cette proposition.

Je connais les conjonctions de coordination

21 * Soulignez la conjonction de coordination qui convient.

a. Le chat *et* / *ou* le chien dorment ensemble sur le canapé.

b. Le chat *et* / *ou* le chien ira dans le jardin courir après les oiseaux.

c. Le professeur est absent *car* / *mais* il est en formation.

d. Le professeur est absent *car* / *mais* le cours sera assuré par un remplaçant.

22 ** Ajoutez la conjonction de coordination qui respecte le lien logique.

a. *conclusion* → Il fait beau .... les garçons décident de faire de la barque.

b. *cause* → Ils ne devraient pas naviguer .... ils ne savent pas bien ramer.

c. *opposition* → Liam vient à leur secours .... l'un d'eux tombe à l'eau.

d. *addition* → Décidément, ils ne sont .... responsables .... prudents.

23 * Complétez avec les conjonctions de coordination qui conviennent :** *et (x 2) • or • donc • mais.*

Tous les jeunes Princes des Royaumes voisins firent leurs efforts pour s'en faire aimer, ... presque tous la demandèrent en mariage ; .... elle n'en trouvait point qui eût assez d'esprit, elle les écoutait .... tous sans s'engager à l'un d'eux. .... il en vint un si puissant, si riche, si spirituel .... si bien fait qu'elle ne put s'empêcher d'avoir de la bonne volonté pour lui.

D'après **Charles Perrault**, « Riquet à la Houppe », *Histoires ou contes du temps passé*, 1697.

24 ★★★ **Entourez les prépositions.**
Soulignez les conjonctions de coordination.

Ivan leur confia son bon cheval et reprit son chemin guidé par la boule en bois. Arrivé à la grotte, des griffes de fer s'en vinrent seules se fixer à ses mains et à ses pieds. Heureusement, car sans elles, il n'aurait jamais pu grimper et atteindre le sommet, tant la montée était rude.

Bertrand Soler, « L'Ouragan »,
Contes traditionnels de Russie, © Milan, 2002.

Je distingue des homophones

25 ★ **Complétez les phrases avec** *et*, *est*, *ou* **ou bien** *où*.

a. Vous êtes en retard .... le rôti .... froid.

b. Elle a de longs cheveux blonds .... bouclés. Elle .... merveilleuse.

c. Viens-tu avec nous .... restes-tu chez toi ?

d. Peux-tu me dire .... ma place ?

26 ★★ **Soulignez la bonne réponse.**

a. Nous n'allons pas au cirque, *ni* / *n'y* va pas non plus.

b. Ils n'ont *ni* / *n'y* voiture *ni* / *n'y* scooter.

c. Il *ni* / *n'y* a pas de fumée sans feu.

d. La nuit est tombée, je *ni* / *n'y* vois rien.

27 ★★ **Complétez les phrases avec** *mes* **ou** *mais*.

a. .... vêtements sont trempés .... je ne peux pas me sécher.

b. « .... quand vas-tu te décider à travailler ? » répètent .... parents.

c. Je pars en retard .... j'arrive à l'heure, parfois avant .... amis.

d. Je sors dimanche avec .... cousins .... je n'en ai pas envie.

À l'écrit

28 ★★★ **Reprenez le texte de l'exercice 24 et imaginez ce qu'aperçoit Ivan au sommet de la montagne.** Votre récit commencera par l'adverbe « Soudain » et vous devrez introduire au moins 4 prépositions, 3 adverbes et 3 conjonctions de coordination différentes.

29 ★★★ **Réécriture • Réécrivez le texte avec ces prépositions et conjonctions de coordination :** *pour • dans • de (x 2) • à (x 3) • et (x 2).*

* trente-cinq ans, Buckingham passait * juste titre * le plus beau gentilhomme * pour le plus élégant cavalier de France * d'Angleterre. Favori * deux rois, riche * millions, Georges Villiers avait entrepris une * ces existences fabuleuses qui restent * le cours des siècles.

D'après **Alexandre Dumas**,
Les Trois Mousquetaires, 1844.

....

....

....

....

....

....

....

30 ★★★ **Dictée • Écrivez la dictée lue par votre enseignant-e. Nom propre : Dame Trude.**

....

....

....

....

....

....

....

D'après **Les frères Grimm**, *Dame Trude*, 1857.

À l'oral

31 ★★★ **Inventez trois phrases : la 1re comportera deux adverbes, la 2e deux prépositions et la 3e deux conjonctions de coordination.**

29

L'analyse de la phrase

Définir la phrase simple

La **phrase simple** ne contient qu'une seule proposition, c'est-à-dire **un seul verbe** et son sujet.

Exemples Veux-tu sortir ?
Tu sortiras ce soir.

Une phrase doit :
- → être bien structurée ;
- → avoir du sens ;
- → commencer par une majuscule et se terminer par un point.

La phrase simple

une seule proposition
=
un seul verbe et son sujet

1 * Cochez les phrases simples qui sont correctes.

a. ◯ La forêt recouvrir la montagne.
b. ◯ Le printemps revient.
c. ◯ Les loups vivent en meute.
d. ◯ Heureuse, je suis.
e. ◯ Hier, il était absent.
f. ◯ Devinez-tu la solution ?

2 ** Corrigez ces phrases simples pour qu'elles soient correctes.

a. la lune argentée s'élève dans le ciel → ....
b. Où coûtent ces viennoiseries ? → ....
c. Le chien aboyer toute la nuit ! → ....
d. L'actrice des autographes. → ....
e. Pierre viendra demain. → ....

3 ** Ces phrases sont-elles des phrases simples ?

	OUI	NON
a. Après ton départ, elle a pleuré.	◯	◯
b. Neige-t-il ce matin ?	◯	◯
c. Il neige, je ne sors pas !	◯	◯
d. Il fait nuit quand Marie arrive enfin.	◯	◯
e. Camille n'aime pas aller à la piscine.	◯	◯

4 ** Soulignez les verbes conjugués. Combien de phrases simples cet extrait contient-il ?

À l'école règne l'animation des grands jours. Les garçons, hurlant, se lancent des boules de neige. Les filles tracent du bout des doigts des sapins sur le givre des carreaux. À l'écart, près du préau, Minh, éberlué, regarde voleter les flocons.
– C'est ça la neige ?
– Oui, dit Blandine. Tu n'en avais jamais vu ?
– Non, au Viêt-Nam, il ne fait pas froid.
– Tu devrais te couvrir davantage.

Jean-François Ferrané, *Gare aux crocodiles*, © Rageot-éditeur, 1992.

→ Ce texte contient .... phrases simples.

30 L'analyse de la phrase

Découvrir la phrase complexe

Une **phrase complexe** comporte **plusieurs verbes** avec leur sujet, donc plusieurs propositions.

Elle peut comporter :

→ une suite de propositions pouvant à elles seules former une phrase : ce sont les propositions **indépendantes**.

Exemple [J'attendais une lettre] ; [elle est arrivée.]
Prop. 1 Prop. 2

→ une **principale** et une ou plusieurs subordonnées qui peuvent être introduites par une conjonction de subordination *(que, quand, comme, si, lorsque, quoique...)* ou un pronom relatif *(qui, que, dont...)*.

Exemple **[La lettre [que j'attendais] est enfin arrivée.]**
Prop. relative Prop. principale

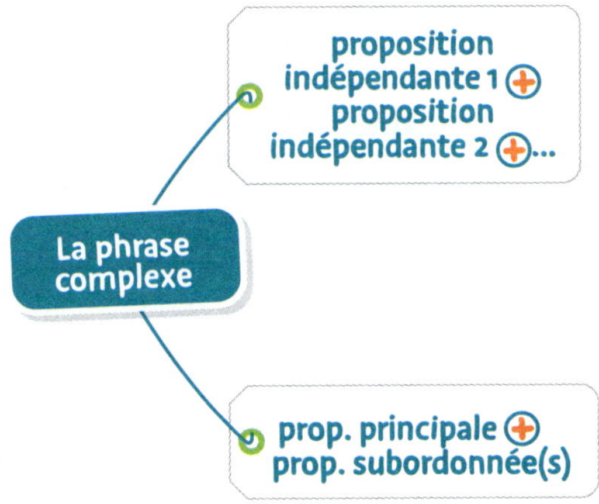

5 * Séparez avec une barre (/) les propositions de ces phrases complexes.

a. Alice entra dans l'arbre et elle tomba dans un trou profond.
b. Quand il entra dans la pièce, tout le monde applaudit.
c. Comme on fait son lit, on se couche.
d. Le port est calme car les touristes sont partis.
e. Ulysse et ses hommes découvrent une grotte, mais elle appartient au Cyclope Polyphème.

6 ** Complétez chaque phrase pour obtenir une phrase complexe. Soulignez les verbes conjugués.

a. Il faut que ....
b. C'est un livre qui ....
c. Alors qu'ils ...., un étrange bruit survint.
d. Le groupe d'amis fit halte parce que ....

7 ** Combien de propositions chaque phrase contient-elle ? Pour vous aider à répondre, soulignez les verbes conjugués.

Antoine n'était pas homme à se laisser impressionner, mais, ce matin-là, il présentait sa fille à la marquise. Alors, dès qu'ils furent entrés dans le petit salon, il se mit à pétrir son chapeau de ses mains brunes et rugueuses. La surprise était de taille ! Athénaïs de Montespan, la belle marquise, avait décidé de choisir elle-même parmi les sept fillettes qui attendaient à l'office.

Annie Pietri, *Les Orangers de Versailles*, © Bayard Jeunesse, 2000.

Phrase 1	Phrase 2	Phrase 3	Phrase 4
.... propositions	.... propositions	.... proposition	.... propositions

Bilan

L'analyse de la phrase

Fiches 29 à 32
- Définir la phrase simple
- Découvrir la phrase complexe
- Distinguer juxtaposition et coordination
- Employer la ponctuation

Je distingue phrase simple et phrase complexe

14 * Ces phrases sont-elles des phrases simples ?

	OUI	NON
a. En quelle année cette équipe a-t-elle gagné ?	○	○
b. Tu prendras cinq euros et tu iras acheter deux croissants.	○	○
c. Savez-vous où se situe la piscine municipale ?	○	○
d. Je me suis arrêtée en chemin.	○	○

15 * Combien de propositions chaque phrase complexe contient-elle ?

a. C'est un beau roman, c'est une belle histoire. ....

b. Viens à la maison, il y a le printemps qui chante. ....

c. Courez, courez vite, si vous le pouvez. ....

16 ** Remettez les mots dans l'ordre afin d'obtenir une phrase simple correcte.

a. Depuis / pratiques / quand / gymnastique ? / la / tu → ....

....

b. tu / adorable / recueilli ! / chiot / petit / Quel / as → ....

....

c. la / prochaine. / Venez / semaine / rejoindre / nous → ....

....

17 ** Soulignez la phrase complexe. Entourez les phrases simples.

Dans une boîte, je rapporte
Un peu l'air de mes vacances
Que j'ai enfermé par prudence.
Je l'ouvre ! Fermez bien la porte !

Jacques Charpentreau, *Poèmes pour peigner la girafe*, 1998 © Gautier-Languereau.

18 ** Soulignez les phrases simples.

Les adversaires roulèrent dans la poussière, parmi les ossements entassés à l'entrée de la grotte. Bientôt, les mouvements du fauve se firent saccadés et de moins en moins violents. Ses yeux violets se ternirent et sa tête se fit plus lourde. Quand Hercule écarta les bras, le corps du monstre s'effondra à terre, sans vie. Haletant, Hercule considéra sa victime.
– J'ai vaincu le lion de Némée !

Christian Grenier, *Les Douze travaux d'Hercule*, © Nathan, 1997.

19 * Combien de phrases cet extrait contient-il ? Laquelle n'est pas une phrase simple ? Pourquoi ?**

Il était temps. À peine Pierre était-il parti, qu'un gros loup gris sortit de la forêt. En un éclair, le chat grimpa dans l'arbre. Le canard se précipita hors de la mare en caquetant. Mais, malgré ses efforts, le loup courait plus vite.

Sergueï Prokofiev, *Pierre et le Loup*, 1936.

→ Cet extrait contient .... phrases.

....

....

....

....

Je distingue juxtaposition et coordination

20 * Entourez les conjonctions de coordination.

a. Je te l'ai dit mais tu ne m'as pas cru.

b. Nous sommes à l'heure or il n'y a personne.

c. Elle a 11 ans et elle entre en sixième.

d. Ils habitent loin donc ils mangeront à la cantine.

21 ★★ Transformez les propositions juxtaposées en propositions coordonnées.

a. Reviens demain : le CDI est fermé aujourd'hui. → ……………………………………

……………………………………………………

b. Vous avez révisé, vous réussirez. → ……………

……………………………………………………

c. Il est bon camarade, il est serviable. → ………

……………………………………………………

J'emploie la ponctuation

22 ★ Dans ces phrases, ajoutez les virgules manquantes.

a. Cette boutique propose du miel des galettes et des sablés.
b. Baptiste mon petit neveu est un garçon très vif.
c. Samuel viens ici !
d. Au marché j'ai acheté des fraises.

23 ★★ Dans ce texte, replacez cinq virgules.

Cet après-midi à l'école on n'a pas rigolé parce que le directeur est venu en classe nous distribuer les carnets. Il n'avait pas l'air content le directeur quand il est entré avec nos carnets sous le bras.

Sempé et Goscinny, *Le Petit Nicolas*, © Denoël, 1960.

24 ★★★ Complétez le texte avec les virgules et les points de suspension qui manquent.

– Je sais Omi son attitude a pu vous paraître inconvenante. Néanmoins toute punition est à exclure il est le fils de notre voisin le seign
– Il pourrait être le fils de l'empereur en personne coupa Omi cela ne lui donne pas le droit de lever son regard sur moi.
– Je vous en prie ne vous montrez pas si sévère […]. Takeyori n'a certainement pas voulu vous offenser.
– Ainsi il s'appelle Takeyori

Évelyne Brisou-Pellen, *Deux Ombres sur le pont*, © Pocket Jeunesse, 2002.

À l'écrit

25 ★★ Écriture • Racontez le déroulement d'une épreuve sportive en employant uniquement des phrases simples.

26 ★★ Réécriture • Réécrivez cette phrase complexe en ajoutant deux virgules.

Lorsque ses préparatifs furent achevés avec la pomme la reine se brunit la figure et se costuma en paysanne puis se rendit chez les sept nains en passant par les sept montagnes.

J. et W. Grimm, *Blanche-Neige*, 1857.

……………………………………………………

……………………………………………………

……………………………………………………

……………………………………………………

……………………………………………………

27 ★★ Dictée • Écrivez la dictée lue par votre enseignant-e.

……………………………………………………

……………………………………………………

……………………………………………………

……………………………………………………

……………………………………………………

……………………………………………………

……………………………………………………

……………………………………………………

Ma Yan et Pierre Haski, *Le Journal de Ma Yan*, © Hachette, 2003.

À l'oral

28 ★★ Aidez le petit Nicolas à raconter la pièce qu'il va jouer à l'école en commençant par « C'est l'histoire du… ».

L'histoire de la pièce est très compliquée et je n'ai pas très bien compris quand la maîtresse nous l'a racontée. Je sais qu'il y a le Petit Poucet qui cherche ses frères et il rencontre le Chat Botté […].

Sempé / Goscinny, *Le Petit Nicolas*, © Denoël, 1960.

33 Les types et les formes de phrase

Utiliser la phrase déclarative

La **phrase déclarative** permet de donner une **information**. Elle commence par une majuscule et se termine par un **point** ou, parfois, par des **points de suspension**.

Exemple Le roi et la reine attendaient un heureux événement.
Tous les sujets venaient présenter leurs hommages :
les ducs, les marquis, les comtes, les barons…

La phrase déclarative
→ donne une information
→ se termine par un point .

1 * Ces phrases sont-elles déclaratives ? OUI NON

a. Après la pluie, vient le beau temps. ○ ○
b. Pleut-il ce matin ? ○ ○
c. Viens me voir s'il te plaît. ○ ○
d. Elles rentreront de l'école à pied. ○ ○
e. Nous n'étions pas à la maison hier soir. ○ ○

2 * Reconstituez chaque phrase déclarative.

a. Pour cette énigme, le jeune héros •
b. Pour cet exercice, tous les élèves •
c. Pour ce très long rébus, nous •

• ont la bonne réponse.
• avions la bonne réponse.
• avait la bonne réponse.

3 ** Répondez à ces questions par une phrase déclarative.

a. Quel jour a lieu ton anniversaire ? ……………………………
b. Dans quelle classe es-tu ? ……………………………
c. Pratiques-tu une activité extrascolaire ? ……………………………
d. Quel est ton animal préféré ? ……………………………
e. Environ combien de chansons écoutes-tu chaque semaine ?
……………………………

4 ** Soulignez les phrases déclaratives.

Le chauffeur s'est tourné vers Kenny.
– Qu'est-ce que tu as dans ton sac, fiston ? Un bébé requin ?
– Non, c'est un poisson rouge.
– Impossible, je suis sûr que c'est un requin. C'est trop dangereux, je ne peux pas le prendre dans mon taxi. Il va falloir qu'il aille à la gare en nageant dans le caniveau.

Jacqueline Wilson, *Lola Rose*, trad. de V. Rubio © Gallimard Jeunesse, 2004.

Utiliser la phrase interrogative

La **phrase interrogative** permet de poser une **question**.
Elle commence par une majuscule et se termine par un **point d'interrogation**.
Souvent, le verbe (ou l'auxiliaire) se trouve avant le sujet.
Les mots interrogatifs se mettent en tête de phrase.

Exemples **As**-tu pris ton petit-déjeuner ce matin ? **Où vas**-tu ?

Si la question porte sur toute la phrase, l'interrogation est **totale** et la réponse est *oui* ou *non*.
Si la question porte sur une partie de la phrase, l'interrogation est **partielle** et commence par un **mot interrogatif** : *Qui ?, Où ?, Pourquoi ?, Quand ?...*

La phrase interrogative
→ pose une question
→ se termine par un point d'interrogation
?

5 ** Mettez les mots dans l'ordre afin d'obtenir une phrase interrogative correcte. Les interrogations sont-elles totales ou partielles ?

a. répéter / votre / vous / pourriez / ? / question

.... •

b. ? / papier / as / dans / tu / l'imprimante / du / remis

.... •

c. retentit / heure / à / quelle / la / sonnerie / ?

.... •

• interrogation totale
• interrogation partielle

6 ** Imaginez la question dont les phrases déclaratives suivantes peuvent être des réponses. La question portera sur l'élément souligné.

a. Il a perdu <u>ses clés</u>. → ....
b. Elle est heureuse <u>d'avoir reçu un jeu vidéo</u>. → ....
c. Elles arrivent par le train à <u>17 h 14</u>. → ....
d. Paul et Virginie vont <u>au cinéma</u>. → ....

7 ** Complétez les phrases interrogatives avec les mots de la liste.
où • comment • pourquoi (x 2)

Le Valet. – Eh bien, ... allez-vous, monsieur ?
Le Soldat. – Je vais voir le roi. […]
Le Valet. – En ce cas, repassez demain !
Le Soldat. – Demain ? ...., demain ?
Le Valet. – Aujourd'hui, le roi ne reçoit pas.
Le Soldat. – Ah ! Et .... ?
Le Valet. – ...., monsieur, vous ne savez pas ? Mais aujourd'hui, la princesse Tutu se marie !

Pierre Gripari, « Crac ! Dans le sac ! », © École des loisirs, 2014.

35 Les types et les formes de phrase

Utiliser la phrase injonctive

La **phrase injonctive** permet de donner un **ordre** ou un **conseil**. Elle commence par une majuscule et se termine par un **point** ou un **point d'exclamation**.

Elle est fréquemment à l'impératif (voir leçon 75) et n'a donc pas de sujet grammatical. Elle peut aussi être à l'infinitif ou au subjonctif.

Exemples **Cessez** cette agitation !
Sonner avant d'entrer.
Qu'il **sonne** et qu'il **entre**.

La phrase injonctive de forme négative exprime une **défense**, une **interdiction**.

Exemple Ne me parle pas sur ce ton.

La phrase injonctive
→ exprime un ordre, un conseil ou une interdiction
→ se termine par un point ou un point d'exclamation
. / !

8 * Cochez les phrases injonctives.

a. ◯ J'appellerai dès mon arrivée.
b. ◯ Appelle-nous dès ton arrivée.
c. ◯ Qu'il appelle dès son arrivée.
d. ◯ N'ouvrez pas les fenêtres !
e. ◯ Pourquoi n'ouvrez-vous pas les fenêtres ?
f. ◯ Ouvrir les fenêtres est interdit.

9 ** Transformez ces phrases déclaratives en phrases injonctives.

a. Je veux que tu joues avec moi. → ....
b. Il est interdit de courir sur la pelouse. → ....
c. Il ne faut pas que vous sortiez sans bonnet. → ....
d. Nous te demandons d'arrêter de faire du bruit. → ....

10 ** Ces phrases sont-elles injonctives ?

	OUI	NON
a. Viendrait-il au rendez-vous ?	◯	◯
b. Ne fumez pas dans ce lieu.	◯	◯
c. Prenons le temps de réfléchir.	◯	◯
d. Qu'ils attendent dans la salle.	◯	◯
e. Je suis le plus heureux !	◯	◯
f. Prendre le temps de bien lire la consigne.	◯	◯

11 * Soulignez les phrases injonctives.**

D'abord Alice entendit plusieurs voix qui s'exclamaient en chœur : « Voilà Bill qui s'envole ! » Puis la voix du Lapin seul : « Attrapez-le, vous, là-bas, près de la haie ! » Puis il y eut un silence, puis, à nouveau, un chœur de voix confuses : « Relevez-lui la tête. Ne l'étouffez pas. Comment cela s'est-il passé, mon vieux ? Qu'est-ce qui t'est arrivé ? Raconte-nous cela ! »

Lewis Carroll, *Alice au pays des merveilles*, 1865.

Utiliser la phrase exclamative

La **phrase exclamative** permet d'exprimer une **émotion**, un **sentiment**. Elle commence par une majuscule et se termine par un **point d'exclamation**.

Les phrases exclamatives peuvent être **non verbales**, c'est-à-dire qu'elles ne contiennent pas de verbe conjugué.

Exemples Je suis enchanté de vous rencontrer !
Quelle joie de vous rencontrer !

La phrase exclamative
- → exprime une émotion, un sentiment
- → se termine par un point d'exclamation

12 * Cochez les phrases exclamatives.

a. ◯ Que j'ai eu peur !
b. ◯ Quel drôle d'animal !
c. ◯ Comme il se fait tard, il rentre.
d. ◯ Quel animal domestique avez-vous ?
e. ◯ Je n'y crois pas !
f. ◯ Comme tu as grandi !

13 ** Inventez une phrase exclamative pour chaque situation décrite.

a. une rencontre inattendue d'un ami → ....
b. l'oubli d'un trousseau de clés → ....
c. la victoire de votre équipe → ....
d. l'absence de place pour un concert → ....
e. la réception d'un cadeau → ....

14 ** Ces phrases sont-elles exclamatives ?

	OUI	NON
a. Il n'est pas gentil !	◯	◯
b. Veux-tu encore de la tarte ?	◯	◯
c. Quel habile stratagème !	◯	◯
d. Peux-tu conduire plus prudemment ?	◯	◯
e. Vous devriez écouter la leçon.	◯	◯
f. Comme cet exercice est difficile !	◯	◯
g. Il ment comme il respire !	◯	◯

15 ** Soulignez les phrases exclamatives.

« Violette ! hurla Mrs Beauregard, te voilà qui grossis !
– Je ne me sens pas bien, dit Violette.
– Tu gonfles ! hurla Mrs Beauregard.
– Je me sens bizarre ! suffoqua Violette.
– Ça ne m'étonne pas ! dit Mr Beauregard.
– Ciel ! hurla Mrs Beauregard. Tu gonfles comme un ballon, ma fille ! »

Roald Dahl, *Charlie et la chocolaterie*, 1964, trad. d'E. Gaspar,
© Gallimard Jeunesse, 2007.

37

Distinguer forme affirmative et forme négative

Toute phrase peut connaître deux formes : la **forme négative** sert à nier la **forme affirmative** qui lui correspond.

Quand la négation porte sur toute la phrase, on utilise les adverbes *ne... pas*.

Exemples Tu aimes la neige. Tu **n'**aimes **pas** la neige.

Quand la négation porte sur une partie de la phrase, on utilise *ne...* + *personne* (≠ quelqu'un), *rien* (≠ quelque chose), *jamais* (≠ toujours), *plus* (≠ encore), *nulle part* (≠ quelque part), *aucun* (≠ tout)...

Exemples Je **ne** vais **plus** à la montagne.
Je **ne** suis **jamais** allé à la montagne.

Forme affirmative	Forme négative
« oui »	« non »
Je cours / encore / toujours...	Je ne cours pas / plus / jamais...

16 * **Quelle est la forme de ces phrases ?**

	AFFIRMATIVE	NÉGATIVE
a. Notre équipe a encore gagné.	○	○
b. Je ne l'ai jamais vue se fâcher.	○	○
c. N'en voyez-vous aucune qui vous plaise ?	○	○
d. Cela me rappelle quelqu'un, mais qui ?	○	○
e. Cela ne me convient plus !	○	○

17 ** **Complétez le tableau.**

Phrases de forme	Phrases de forme ....
J'ai encore faim.	....
....	Ton frère n'a jamais l'air pressé.
Quelqu'un a sonné.	....
....	Rien ne me plaît dans ce magasin.

18 *** **Entourez trois adverbes de négation différents. Rédigez trois courtes phrases contenant chacune l'un de ces adverbes.**

SGANARELLE. – Ah ! Monsieur Gorgibus, je ne crois pas que vous le trouviez à présent ; et puis je ne resterai pas chez vous : je crains trop sa colère.
GORGIBUS. – Ah ! Vous demeurerez, car je vous enfermerai. Je m'en vais à présent chercher votre frère : ne craignez rien, je vous réponds qu'il n'est plus fâché.

Molière, *Le Médecin volant*, scène 14, 1659.

....

....

....

Bien rédiger des phrases négatives

À l'écrit, la **phrase négative** comporte **deux adverbes de négation** qui encadrent :
- le verbe pour les temps simples ;
- l'auxiliaire pour les temps composés.

Exemples Je **n'**habite **plus** en ville.
Je **n'**ai **jamais** vécu en ville.

La forme négative des conjonctions de coordination *et*, *ou* est *ni… ni*.

Exemple Ils n'ont manqué **ni** d'idées **ni** de dynamisme.

Bien rédiger des phrases négatives

À l'oral, le *ne* est souvent absent : la phrase est familière.
Il va pas y arriver. ☹

À l'écrit, il faut employer les deux éléments de négation : *ne/n'… pas, plus, jamais, rien…*
Il ne va pas y arriver. ☺

19 * Transformez ces phrases pour les rendre correctes à l'écrit.

a. J'arrive, y a pas le feu ! → ……………………………
b. Cette chanson passe jamais à la radio. → ……………………………
c. Tu iras nulle part sans moi. → ……………………………

20 * Cochez les phrases négatives.

a. ◯ On est allé à la piscine.
b. ◯ On n'est pas rentré tard.
c. ◯ Je ne veux plus le voir.
d. ◯ Il veut plus de jours de congé.

21 ** Mettez ces phrases affirmatives à la forme négative.

a. Quelqu'un a trouvé cette information utile. → ……………………………
b. Nous voyagerons en train ou en avion. → ……………………………
c. Ils sont d'accord sur tout. → ……………………………
d. Tu aimes le lait froid et le thé chaud. → ……………………………
e. Es-tu satisfait du résultat ? → ……………………………

22 ** Soulignez les phrases négatives. Précisez à l'oral quel élément en est absent. Puis réécrivez le passage en gras à la forme négative.

«T'inquiète pas… c'est des bêtises… un petit chagrin de grand c'est moins grave qu'un grand chagrin de petit.» Arrivée en bas de l'escalier, elle a levé la tête et elle m'a crié : «C'est pas ça qui va me faire oublier la date de ton anniversaire !» Une petite blague entre nous deux, parce que justement **elle l'oubliait toujours, mon anniversaire** ; ses cadeaux tombaient comme la pluie, n'importe quand.

Daniel Pennac, *Kamo, l'idée du siècle*, © Gallimard Jeunesse, 2017.

→ ……………………………

Bilan Les types et les formes de phrase

Fiches 33 à 38

- Utiliser la phrase déclarative • Utiliser la phrase interrogative • Utiliser la phrase injonctive • Utiliser la phrase exclamative
- Distinguer forme affirmative et forme négative
- Bien rédiger des phrases négatives

J'utilise les phrases déclaratives et interrogatives

23 * Transformez ces phrases déclaratives en phrases interrogatives.

a. Les Français mangent moins de pain.

→ ……………………………………………………………………

b. La pluie va cesser.

→ ……………………………………………………………………

c. L'évaluation portera sur la phrase.

→ ……………………………………………………………………

24 * Associez chaque phrase au type d'interrogation.

	TOTALE	PARTIELLE
a. As-tu révisé ?	○	○
b. Qui a révisé ?	○	○
c. Quand a lieu la finale ?	○	○
d. Le match a-t-il lieu ?	○	○

25 * Complétez les phrases avec : *combien* • *où* • *pourquoi* • *quand.*

a. ……………………… se trouve l'Alaska ?

b. ……………………… viens-tu ?

c. ……………………… d'élèves y a-t-il en 6e ?

d. ……………………… pleure-t-il ?

26 ** Soulignez les phrases déclaratives et entourez les phrases interrogatives.

– Pourquoi est-ce que tu ne dors pas ? Il est trois heures du matin.

– Je ne peux pas dormir. Et toi ?

– Je pensais à toi. […]

– Pourquoi t'es-tu sauvé ?

– Je cherche mon pays.

André Dhôtel, *Le Pays où l'on n'arrive jamais*, © éd. Pierre Horay, 1955.

J'utilise les phrases injonctives et exclamatives

27 * Transformez les phrases déclaratives en phrases injonctives.

a. Vous égouttez les pâtes. → ……………………

b. Tu dois imprimer ton billet ou le télécharger.

→ ……………………………………………………………………

c. Il faut distribuer les cartes. → ……………………

……………………………………………………………………

28 ** Ajoutez les signes de ponctuation manquants. Soulignez les phrases exclamatives.

a. Quelle chaîne regardes-tu……

b. Quelle jolie bague……

c. Comment allez-vous……

d. Comme ton dessin est drôle……

e. Que tu es forte……

f. Que recherchez-vous……

29 ** Soulignez les phrases injonctives.

« C'est stupide ! protesta Alice d'une voix forte. En voilà une idée !

– Taisez-vous ! ordonna la Reine, pourpre de fureur.

– Je ne me tairai pas ! répliqua Alice.

– Qu'on lui coupe la tête ! » hurla la Reine de toutes ses forces.

Lewis Carroll, *Alice au pays des merveilles*, 1865.

Je distingue forme affirmative et forme négative

30 * Soulignez les phrases à la forme négative.

a. Je ne vois pas Anne.

b. As-tu cherché partout ?

c. Elle n'a plus le temps.

d. On a faim.

e. On n'a pas mangé.

31 * **Réécrivez les phrases de façon correcte.**

a. On a pas le temps. → ……………………

……………………

b. Le samedi, je ne vais pas au collège et à la cantine. → ……………………

……………………

32 ** **Mettez ces phrases à la forme négative.**

a. Le petit prince a toujours aimé sa fleur.

→ ……………………

b. Il l'a mise sous globe avant son départ.

→ ……………………

……………………

c. Tout le monde connaît *Le Petit Prince*.

→ ……………………

d. Le petit prince apprivoise le renard.

→ ……………………

……………………

33 *** **Transformez ces phrases affirmatives en phrases négatives de même sens.**

a. Tout le monde est censé connaître la loi.

→ ……………………

b. Reste avec moi. → ……………………

c. Ils sont à nouveau heureux. → ……………………

……………………

34 *** **Soulignez les propositions à la forme négative. Réécrivez-les à la forme affirmative.**

M. Jourdain. – Cependant je n'ai point étudié, et j'ai fait cela tout du premier coup. Je vous remercie de tout mon cœur, et vous prie de venir demain de bonne heure.
Maitre de Philosophie. – Je n'y manquerai pas.
M. Jourdain. – Comment, mon habit n'est point encore arrivé ?

Molière, *Le Bourgeois gentilhomme*, I, 4, 1670.

……………………

……………………

……………………

À l'écrit

35 ** **Écriture • Imaginez la suite du dialogue de l'exercice 26 en alternant phrases interrogatives et phrases déclaratives.**

36 * **Réécriture • Réécrivez ces répliques en ajoutant les points qui conviennent.**

Le Directeur. – Monsieur, un problème *
Le Client. – Regardez ce que je viens de trouver dans mon potage * *Il montre une boule d'acier, pleine de vermicelles* *
Le Directeur *(ahuri)*. – Mais c'est * c'est une boule de pétanque *
Le Client. – Je ne vous le fais pas dire *

D'après **Jean-Michel Ribes**, « Réclamation », 1988.

……………………

……………………

……………………

……………………

……………………

……………………

37 * **Dictée • Écrivez la dictée lue par votre enseignant-e.**

……………………

……………………

……………………

……………………

……………………

……………………

……………………

……………………

……………………

« Le Vilain mire », *Les Fabliaux du Moyen Âge*,
© Hatier, 2014.

À l'oral

38 *** **Formez des groupes de quatre élèves.**
1. Imaginez une phrase déclarative.
2. Donnez sa forme négative.
3. Transformez-la en phrase interrogative, puis en phrase exclamative.

Comprendre la fonction épithète

L'**épithète** fait partie du groupe nominal. Elle apporte une information supplémentaire sur le nom noyau. Un groupe nominal peut contenir une ou plusieurs épithètes.

La **fonction épithète** est le plus souvent occupée par un adjectif ou un participe passé employé comme adjectif.

Exemples un **long** fleuve **tranquille**
le temps **perdu**

L'épithète
- un adjectif qualificatif, un participe passé
- placée à côté du nom
- accord avec le nom, en genre et en nombre

1 * **Soulignez le nom noyau, puis entourez chaque épithète.**

a. son chanteur préféré
b. ce superbe chalet en bois
c. votre grande maison ancienne
d. la pluie battante de novembre
e. une neige blanche et épaisse
f. une forêt de sapins élancés

2 ** **Entourez chaque épithète et surlignez le nom noyau qu'elle qualifie.**

a. Aminata porte une veste bleue sur un joli chemisier blanc.
b. Nous avons fait une belle promenade sous un soleil éclatant.
c. Ces plantes ont-elles donné des fleurs rouges, jaunes ou roses ?
d. Au détour du chemin, un immense château dressait ses hautes murailles infranchissables.
e. Ils parcoururent un sentier rocailleux sous un ciel d'hiver nuageux.

3 ** **Précisez si chaque mot en gras est une épithète.**

	OUI	NON
a. L'athlète **italien** n'a pas gagné la course.	○	○
b. Le chat semblait **endormi**.	○	○
c. Pierre et Léa ont une **longue** discussion **passionnante**.	○	○
d. Le navire accosta-t-il sur une plage **déserte** ?	○	○
e. Dans le ciel, les nuages **nombreux** et **menaçants** s'amoncellent.	○	○

4 *** **Dans le texte, entourez les cinq épithètes et soulignez le nom qu'elles qualifient.**

Pallas Athéna se manifesta par des prodiges évidents. Sa statue venait à peine d'être placée dans le camp : d'ardentes flammes jaillirent de ses regards fixes ; une sueur salée parcourut ses membres et par trois fois, d'elle-même, miracle indicible, elle se souleva du sol, avec son bouclier et sa lance qui tremblait.

D'après **Virgile**, *Énéide*, II, 171.

40 Les fonctions au sein du groupe nominal

Repérer la place d'une épithète

L'**épithète se place** avant ou après le nom noyau qu'elle qualifie. Sa place peut changer le sens du GN.

Exemples un **brave** homme (= serviable)
un homme **brave** (= courageux)

La place de l'épithète
- **épithète + nom** : une seule personne
- **nom + épithète** : une personne seule

5 * **Cochez la phrase dont le sens est correct.**

a. ◯ J'ai vu derrière la haie un jardin anglais.
◯ J'ai vu derrière la haie un anglais jardin.

b. ◯ On nous sert un plat chaud délicieux.
◯ On nous sert un chaud plat délicieux.

6 ** **Écrivez l'adjectif épithète entre parenthèses à la place qui convient.**

a. *(bons)* Marie a eu de .... résultats .... à son test.

b. *(suédois)* Martin n'a pas rencontré ses .... amis ....

c. *(présidentielles)* Il vote aux .... élections ....

d. *(prochain)* Prenez-vous le .... train .... pour Toulouse ?

7 ** **Reconstituez les phrases en mettant les mots dans le bon ordre.**

a. petite / Nous / ville. / habitons / une → ....

b. J'aime / sucrées. / manger / des / fraises → ....

c. Les arbres / en fleurs. / sont / fruitiers → ....

8 ** **Associez les expressions de même sens.**

a. un pauvre homme •	• un homme qui n'a pas d'argent
un homme pauvre •	• un homme qui inspire de la pitié
b. une curieuse personne •	• une personne étrange
une personne curieuse •	• une personne qui veut tout savoir

9 *** **Réécriture • Recopiez le texte en mettant les épithètes de la liste à la place qui convient.**

longue • tressées • nouvelle • entières

Vendredi commença leur ★ vie par une ★ période de siestes. Il passait des journées ★ dans le hamac de lianes ★ qu'il avait tendu entre deux palmiers au bord de la mer.

D'après **Michel Tournier**, *Vendredi ou la Vie sauvage*, © Gallimard, 1971.

....
....
....
....

41

Les fonctions au sein du groupe nominal

Accorder l'épithète avec le nom noyau

L'épithète s'accorde en genre et en nombre avec le nom noyau qu'elle qualifie.

Exemples le <u>spectateur</u> **ravi**, les <u>spectateurs</u> **ravis**
une <u>voix</u> **douce**, des <u>voix</u> **douces**
un <u>geste</u> **amical**, des <u>gestes</u> **amicaux**

L'accord de l'épithète

- **masculin singulier** : un grand jardin, un beau fruit
- **féminin singulier** (+ e) : une grande maison
- **masculin pluriel** (+ s / + x) : des grands jardins, des beaux fruits
- **féminin pluriel** (+ es) : des grandes maisons

10 * Complétez ce tableau.

Masculin singulier	Féminin singulier	Masculin pluriel	Féminin pluriel
....	abondante	....	....
....	....	verticaux	....
....	....	....	heureuses

11 * Accordez l'épithète avec le nom noyau.

a. La nageuse épuisé........ sort de l'eau.

b. Peux-tu m'acheter des gants chaud........ ?

c. Les rayons brûlant........ du soleil l'éblouissent.

d. Sandra et sa sœur aîné........ applaudirent.

12 ** Complétez chaque phrase avec les épithètes qui conviennent.

glacée • jeunes • charmant • délicieuse • célèbre • surprenants • inconnues • angoissants

a. Ce metteur en scène .... a-t-il réalisé des films .... ?

b. Une .... crème .... nous a été servie à la fin du repas.

c. Dans les contes de fées, le prince .... n'accomplit-il pas des exploits .... ?

d. Ces .... filles .... éveillent l'intérêt des villageois.

13 * Complétez le texte avec les épithètes :** *froid • longues • mystérieux • dures • violentes.* **Soulignez le nom noyau de chaque GN obtenu.**

Peu de temps après cette scène eut lieu le premier des .... événements qui nous débarrassèrent du capitaine mais non pas, comme vous le verrez, de ses affaires. L'hiver était venu, un hiver terriblement ...., marqué par de .... et .... gelées et de .... tempêtes.

D'après **Robert Louis Stevenson**, *L'Île au trésor*, 1883.

Reconnaître le complément du nom

Le **complément du nom** (CDN) a pour fonction de préciser le sens du nom noyau. Il appartient au groupe nominal. Il est placé après le nom qu'il complète.
Le plus souvent, il est introduit par une préposition qui peut être suivie d'un nom, d'un groupe nominal, d'un pronom, d'un groupe infinitif ou d'un adverbe.

Exemples une tasse **de** thé, une glace **à** la fraise
une robe **à pois**, une table **en bois précieux**,
la décision **de tous**, le plaisir **de se promener**,
les contes **d'autrefois**

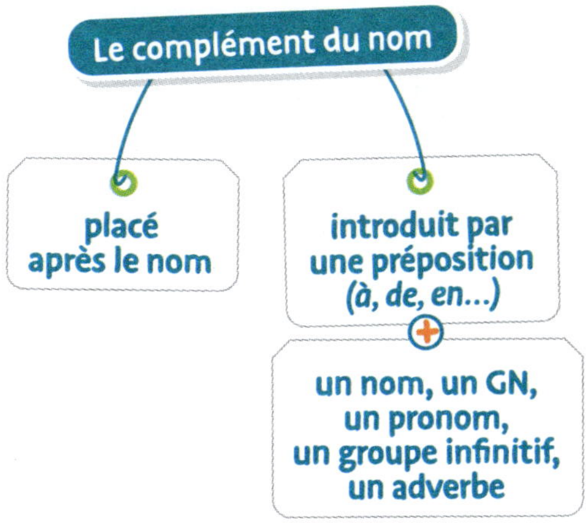

14 * Reliez les compléments du nom aux noms qu'ils complètent.

a. un homme •	• pour enfants	d. une chambre •	• en soie
b. l'envie •	• sans scrupules	e. ta robe •	• à coucher
c. des contes •	• de guérir	f. cette tasse •	• à café

15 ** Complétez les compléments du nom avec les prépositions qui conviennent.

a. Nous aimons la sculpture .... glace.
b. Le lion est le roi .... la savane.
c. Il a construit une niche .... le chien.
d. Paul porte-t-il des chemises .... carreaux ?

16 ** Remplacez les adjectifs soulignés par des compléments du nom de sens équivalent.

*Ex : une spécialité <u>régionale</u> → une spécialité **de la région***

a. une chemise <u>fleurie</u> → ....
b. une règle <u>grammaticale</u> → ....
c. des pochettes <u>cartonnées</u> → ....

17 * Indiquez si chaque groupe souligné est un complément du nom.** OUI NON

a. J'ai mangé une tarte <u>au citron</u>. ○ ○
b. Le fils <u>du roi</u> épousa la princesse. ○ ○
c. Claire s'apprêtait <u>à sortir</u>. ○ ○
d. La neige tombe <u>du ciel</u>. ○ ○

18 * Soulignez dans le texte les quatre compléments du nom.**

Côte à côte, les adolescents remontent le boulevard. Dans les arbres du square voisin, la sinistre plainte du vent ressemble au hurlement des loups dans les plaines du Grand Nord. Pas une voiture, nul passant...

Gudule, *La Bibliothécaire*, © Hachette Jeunesse, 2007.

Bilan Les fonctions au sein du groupe nominal

Fiches 39 à 42
- Comprendre la fonction épithète
- Repérer la place d'une épithète
- Accorder l'épithète avec le nom noyau
- Reconnaître le complément du nom

Je reconnais et j'accorde une épithète

19 * Entourez les épithètes des noms en gras.

a. Les **enfants** terrifiés s'enfoncèrent dans l'épaisse **forêt** de sapins.
b. Le pauvre **homme** épuisé se perdit-il ?
c. Un **spectacle** désolant s'offrit à ses **yeux** bleus fatigués.

20 * Soulignez le nom noyau, puis accordez l'épithète avec le nom qu'elle qualifie.

a. des aventures passionnant.........
b. la porte du jardin bien fermé........
c. un bouquet de fleurs bleu.........
d. une tarte absolument délicieu.........

21 * Complétez les phrases avec les épithètes de votre choix.

a. Il a fait un .... voyage en train.
b. Léo a des cheveux ....
et de .... yeux ....
c. J'ai un chien .... au poil ....
d. Un froid .... et un vent ....
nous transperçaient.
e. Elle a reçu un .... coup de téléphone.

22 ** Complétez chaque groupe nominal selon les indications.

a. ma véranda + *1 épithète* → ....
....
b. des jardins + *2 épithètes* → ....
....
c. un grenier + *3 épithètes* → ....
....
d. cette cave + *4 épithètes* → ....
....
....

23 * Soulignez les six épithètes et entourez le nom qu'elles qualifient.**

Alice ouvrit la porte, et vit qu'elle donnait sur un petit couloir guère plus grand qu'un trou à rat ; s'étant agenouillée, elle aperçut au bout du couloir le jardin le plus adorable qu'on puisse imaginer. Comme elle désirait sortir de cette pièce sombre, pour aller se promener au milieu des parterres de fleurs aux couleurs éclatantes et des fraîches fontaines !

Lewis Carroll,
Alice au Pays des merveilles, 1865.

Je reconnais un complément du nom

24 ** Soulignez chaque complément du nom.

a. Les touristes du monde entier viennent visiter les monuments de Rome.
b. Ce vieux fauteuil en cuir a appartenu à mon grand-père.
c. Le désir de réussir son examen pousse Ambre à travailler.
d. Les contes de fées plaisent-ils aux enfants d'aujourd'hui ?
e. Lisa a laissé traîner sa tasse à café sur la table du salon.

25 ** Complétez les phrases avec des compléments du nom de votre choix.

a. A-t-il choisi un déguisement ....
.... pour Mardi Gras ?
b. Attention de ne pas casser ce beau vase
....
c. L'avion .... décolle à neuf heures.
d. Le plaisir .... l'envahit.
e. Sylvain a acheté une chemise ....
et une veste ....

26 * Entourez les six compléments du nom.**

« Hé ! l'ami ! »

Je vis un garçon de mon âge, qui me regardait sévèrement.

« Il ne faut pas toucher les pièges des autres, dit-il. Un piège, c'est sacré !

– Je n'allais pas le prendre, dis-je. Je voulais voir l'oiseau. »

Il s'approcha : c'était un petit paysan. Il était brun, avec un fin visage provençal, des yeux noirs, et de longs cils de fille. Il portait, sous un vieux gilet de laine grise, une chemise brune à manches longues qu'il avait roulées jusqu'au-dessous des coudes, une culotte courte, et des espadrilles de corde comme les miennes, mais il n'avait pas de chaussettes.

Marcel Pagnol, *Le Château de ma Mère*, 1957.

Je distingue épithète et complément du nom

27 * Remplacez les compléments du nom par un adjectif épithète de même sens.

a. un château du Moyen Âge

→ ....

b. le discours du ministre

→ ....

c. le bus de l'école

→ ....

d. un temps de pluie

→ ....

e. l'autorisation des parents

→ ....

28 ** Indiquez si chaque mot ou groupe souligné est épithète (E) ou complément du nom (CDN).

	E	CDN
a. un sirop <u>contre la toux</u>	○	○
b. un cadeau <u>acheté</u> en Guyane	○	○
c. une armoire <u>en bois verni</u>	○	○
d. un train très <u>rapide</u>	○	○
e. un cheval <u>sauvage</u>	○	○

À l'écrit

29 ** Écriture • Suite à un naufrage, vous arrivez sur une plage.
Décrivez-la dans un petit texte. Vous utiliserez 4 épithètes et 4 compléments du nom.

30 * Réécriture • Réécrivez le texte en mettant au pluriel les mots en gras. Faites toutes les modifications nécessaires.**

Il était là, les yeux toujours fixés sur la **console** placée sous la grande **glace**, où se tenait debout une gracieuse petite **bergère** de porcelaine. **Elle** portait des souliers dorés, une **robe** parée d'une **rose** toute fraîche, un **chapeau** d'or et une **houlette**.

D'après **Andersen**,
« La Bergère et le ramoneur », 1856.

....

....

....

....

....

....

....

31 * Dictée • Écrivez la dictée lue par votre enseignant-e.**

....

....

....

....

....

....

....

M. Piquemal, D. Garcia, *Petite anthologie de la mythologie*, © Sedrap Jeunesse, 1996.

À l'oral

32 * Transformez oralement cette phrase en insérant des épithètes et des compléments du nom de votre choix. Du seuil, les deux enfants aperçurent, près de la fenêtre, une fille qui dessinait un personnage.

43 Le sujet

Repérer le sujet dans une phrase

Dans une phrase, pour **repérer le sujet**, il faut trouver le verbe et poser la question *Qui est-ce qui ?* ou *Qu'est-ce qui ?* + verbe.

Exemple **Mon père** me cherche.
Qui est-ce qui me cherche ?
→ Mon père

Le **sujet** peut être un nom, un groupe nominal, un pronom, un verbe à l'infinitif…

Exemples **Karim** joue. **Les garçons** jouent. **Elles** jouent. **Jouer** nous plaît.

Pour repérer le sujet

je pose la question :
Qui est-ce qui ?
ou *Qu'est-ce qui ?*
+ verbe

1 * Entourez le sujet du verbe souligné (aidez-vous de la question *Qui est-ce qui ?* ou *Qu'est-ce qui ?*).

a. Myriam apprend à nager.
b. Les arbres s'inclinent sous le vent.
c. La nuit, en hiver, tombe plus tôt.
d. Pierre et Jules se regardèrent.

2 ** Soulignez le verbe conjugué et entourez son sujet.

a. Les bateaux ont affronté la tempête.
b. Du haut de la colline, on aperçoit un lac.
c. Porter un pull rouge lui donne bonne mine.
d. Le brouillard ne les empêchera pas de venir.

3 ** Indiquez par une flèche le verbe dont les éléments en gras sont sujets.

a. **Le chien**, en voyant les enfants, ne grogna pas.
b. Avant de commencer la compétition, **les athlètes** s'échauffent.
c. **Cette séance de cinéma**, à ce qu'il me semble, commence à 14 heures.
d. **Il** comprit que **son ami** s'était trompé de chemin.

4 ** Complétez chaque phrase avec un sujet de votre choix.

a. .... poussent dans le potager.
b. .... sont bien mûres, elles sont délicieuses.
c. .... ne devriez pas jouer avant d'avoir terminé vos devoirs.
d. .... montent l'escalier quatre à quatre.

5 * Soulignez les sujets dans le texte.**

Décidément, celui-ci ne lui plaisait pas trop et il voulait qu'il disparaisse. Mais le vieillard ne bougeait pas. Appuyé sur son bâton, il se contenta de fixer Bilbo sans rien dire, jusqu'à ce que Bilbo soit tout à fait mal à l'aise et même un peu fâché.

J. R. R. Tolkien, *Le Hobbit*, trad. D. Lauzon, © Christian Bourgois éditeur, 2012.

44 Le sujet

Accorder le verbe avec son sujet

Le **sujet** a pour fonction de **commander l'accord du verbe** en personne et en nombre.

Exemples **Tu** viendras avec nous demain.
On attend le train.
Elles sont arrivées plus tôt que prévu.

Quand le verbe a plusieurs sujets, il se met au pluriel.

Exemple **Arthur et Farid** aiment jouer au foot.

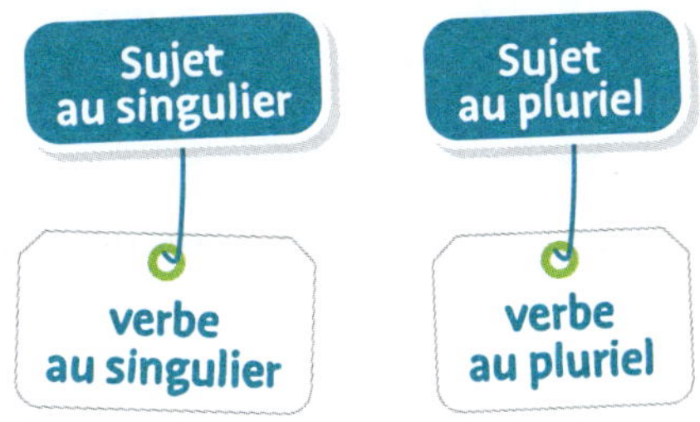

6 * Reliez chaque sujet à son verbe.

a. Nathan •
b. Ta sœur •
c. Tous •
d. Nous •
e. Elles •

• avons pris la bonne décision.
• devrait lui aussi remporter la compétition.
• est très douée en natation.
• ont réussi l'examen.
• sont revenues de leur voyage.

7 ** Soulignez chaque sujet et mettez le verbe entre parenthèses au présent de l'indicatif.

a. Sam et ses parents .... *(revenir)* de la Martinique dimanche.

b. Tous .... *(se lever)* en même temps.

c. On .... *(prévoir)* un violent orage pour ce soir.

d. Dès que la sonnerie .... *(retentir)*, nous .... *(sortir)* sans bruit.

8 ** Réécrivez chaque phrase en mettant le sujet au pluriel et en accordant le verbe.

a. Cette fleur sent très bon. → ....

b. Tu es allé au cinéma hier. → ....

c. Il n'est pas parti tôt ce matin. → ....

d. Je prends rendez-vous. → ....

9 * Complétez les phrases avec les sujets de la liste.**

Tous les regards • Tom • chacun • L'émotion • on • les mots • il

.... commença, en bredouillant d'abord un peu ; au fur et à mesure qu'.......... s'échauffait, ... lui vinrent de plus en plus facilement. Au bout d'un instant .... n'entendait plus dans la salle que le son de sa voix. .... étaient fixés sur lui ; .... retenait son haleine et, sans tenir compte de l'heure, écoutait bouche bée, la sinistre et passionnante histoire. .... fut à son comble [...].

Mark Twain, *Les Aventures de Tom Sawyer*, 1876.

45 Le sujet

Repérer les sujets inversés

Le **sujet** se place généralement avant le verbe. Mais il peut parfois être **inversé**, c'est-à-dire placé après le verbe conjugué :
- dans une phrase interrogative ;
- dans des incises, pour indiquer qui parle ;
- dans des phrases commençant par certains adverbes ou compléments circonstanciels.

Exemples Comprends-**tu** ?
Que pense **ton frère** de mon idée ?
« Elles arriveront ce soir », précisa **Clémence**.
Ainsi se termina **leur aventure**.
Du grenier provenaient **des bruits bizarres**.

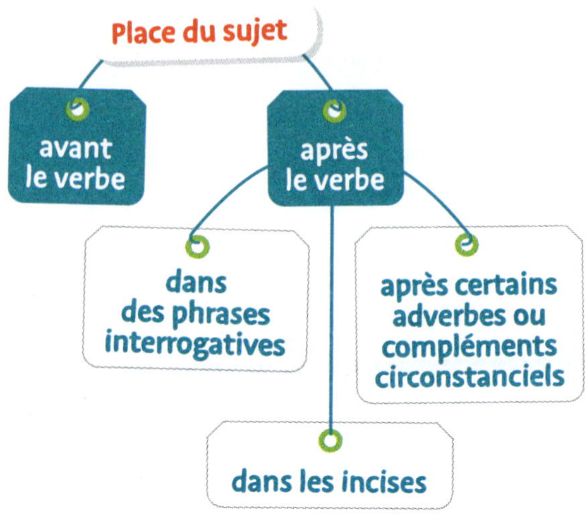

10 * Soulignez les sujets placés après le verbe.

a. Pourrais-tu me donner ta recette ?
b. Grande fut sa colère.
c. Où vont tous ces cars ?
d. Sans doute se sont-ils perdus ?

11 ** Entourez les sujets placés après le verbe et soulignez les sujets placés avant.

a. « J'aimerais que tu viennes avec moi », dit Paolo à sa sœur.

b. Ce jour-là, alors que rien ne le laissait présager, commença l'aventure.

c. Sans doute avait-il raison de se méfier car il tomba dans un piège !

12 ** Mettez le sujet entre parenthèses à la place qui convient, avant ou après le verbe.

a. *(Aurélie)* « Je viendrai demain », ... nous a dit ....

b. *(ces fleurs)* D'où .... venaient .... ?

c. *(une file de camions)* .... attendait .... à la frontière.

13 ** Accordez chaque verbe avec son sujet. Écrivez les verbes au présent de l'indicatif.

a. Que pens..........-vous faire dimanche ?
b. Dans ce joli bois coul.......... un ruisseau.
c. C'est ici que viv.......... mes amis.
d. Du rocher jaill.......... une source.

14 * Soulignez les sujets placés avant le verbe et entourez les sujets inversés.**

La mer avait une teinte verdâtre, et partout nageaient, avec des formes bizarres, et brillantes comme des diamants, des montagnes de glace. « Chacune d'elles, disait la voyageuse, ressemble à une perle plus grosse que les tours d'église que bâtissent les hommes. »

Hans Christian Andersen, « La Petite Sirène », *Contes*, 1856.

46 Le sujet

Varier les reprises nominales et pronominales

Pour éviter les répétitions, on utilise des mots de reprise.

La **reprise nominale** peut être un nom synonyme, un nom générique, un groupe nominal ou une périphrase. On peut aussi reprendre le même nom en changeant le déterminant.

Exemple **Ulysse** vécut des aventures ;
ce héros réussit à échapper au Cyclope.

La **reprise pronominale** utilise un pronom personnel, démonstratif ou possessif.

Exemple **Jonathan** partit en courant mais **il** tomba.

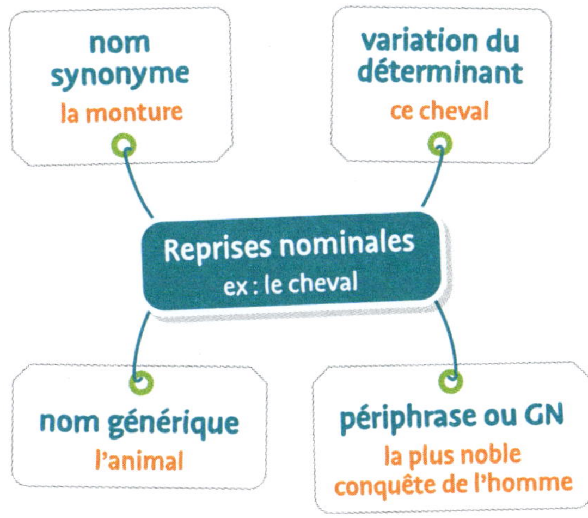

15 * Soulignez chaque reprise nominale ou pronominale.

a. La promenade longe la mer. Elle est très agréable.
b. Je viens de lire le tome 1 de *Harry Potter*. Ce roman ne m'a pas plu !
c. Le Roi regarda la Princesse. Sa fille était une belle jeune femme à présent.

16 ** Reprenez chaque groupe nominal souligné par un groupe nominal de votre choix.

a. La pluie a surpris les passants ; .... les a obligés à s'abriter.
b. Ce lion manqua sa proie ; .... dut repartir bredouille.
c. L'aigle volait majestueusement. Soudain, ... fondit sur nous.

17 ** Complétez ces phrases avec le pronom qui convient.

a. Aurélien a envie d'aller au cinéma ; .... ira avec sa sœur demain.
b. Hector et moi sommes prêts ; .... allons déjeuner au restaurant.

18 * Réécriture • Éliminez les répétitions du texte en les remplaçant par trois termes de reprise (GN et pronoms). Le GN souligné ne doit pas être remplacé.**

« Rassurez-vous, Roi et Reine, la Princesse n'en mourra pas. La Princesse se percera la main d'un fuseau ; la Princesse tombera dans un profond sommeil qui durera cent ans, au bout desquels la Princesse sera réveillée par le fils d'un roi… »

D'après **Charles Perrault**, *La Belle au Bois Dormant*, 1697.

....

....

....

....

Bilan Le sujet

Fiches 43 à 46
- Repérer le sujet dans une phrase
- Accorder le verbe avec son sujet
- Repérer les sujets inversés
- Varier les reprises nominales et pronominales

J'identifie le sujet dans une phrase

19 * Soulignez les verbes et entourez leur sujet.

a. Le dentiste a annulé mon rendez-vous.
b. Pierre et moi avons fait une marche.
c. Personne n'a prévenu les élèves.
d. Prendre la fuite leur sembla la solution.

20 ** Soulignez les sujets inversés.

a. Pourrais-tu aller au marché à ma place ?
b. Bordeaux est à environ 240 km de Toulouse.
c. Peut-être devraient-ils se reposer davantage, qu'en pensez-vous ?
d. « Je n'ai pas le temps de t'écouter ! », cria Emma.
e. Que raconte le roman *Les Misérables* ?

21 ** Complétez chaque phrase avec un sujet qui convient.

a. .... sont en retard.
b. ....ne travailles pas assez vite.
c. Sois en sûr, ... veux t'aider.
d. Soudain .... nous éblouit.
e. Ont-.......................... cueilli toutes les fraises ?
f. Quand vient ...., les enfants courent se mettre à l'abri.

J'accorde le verbe avec son sujet

22 * Mettez le verbe « comprendre » au présent de l'indicatif. Attention aux accords avec les sujets.

Tu ....
Ses amis ....
Paul ....
Nadia et moi ....

23 ** Remplacez le sujet par celui proposé entre parenthèses et faites les modifications nécessaires.

a. *(Nous)* Baptiste cherche une librairie.

....

b. *(Maxime)* Tous les élèves connaissent la leçon.

....

c. *(Les spectateurs)* Le public a applaudi les comédiens.

....

....

d. *(Marie et Léa)* L'artiste entre sur scène.

....

e. *(Vous)* Te souviens-tu du nom de cette chanteuse ?

....

....

24 ** Accordez les verbes avec leur sujet et entourez les sujets inversés. Ce texte est au présent de l'indicatif.

Sur les murs de la chambre .... *(être)* accrochés des posters. Sur les lits .... *(reposer)* des couettes moelleuses. Les étagères .... *(offrir)* aux regards des livres bien alignés. Parfois, la petite troupe des enfants .... *(se disputer)*. « C'est toi qui .... *(devoir)* ranger aujourd'hui ! .... *(s'exclamer)* les deux aînés en se tournant vers le plus jeune.
– Ils n'ont pas tout à fait tort, ... *(intervenir)* leur mère qu'.................... *(amuser)* ces querelles. Quand .... *(aller)* -tu te décider à les aider ? »

Ariane, *Je m'amuse*, © Magnard, 2018.

Je varie les mots de reprise

25 ** Réécrivez les phrases en remplaçant les mots soulignés par un mot de reprise selon les indications données.

a. Théo aime le basket. Théo est très sportif.

GN → ....

....

b. Les nuages envahissent le ciel ; les nuages annoncent la pluie.

Pronom → ....

....

c. Cette plante est très jolie ; au printemps, cette plante fleurit.

Pronom → ....

....

d. Le chien de Karim est adorable mais le chien aboie tout le temps.

GN → ....

....

26 * Placez correctement les mots de la liste dans le texte.**

la cadette • elle (2 x) • cette méchante femme • la mégère • une veuve • la jeune fille • la mère • celle-ci

Il était une fois .... qui avait deux filles. L'aînée, désagréable et orgueilleuse, ressemblait en tout à sa mère. ...., qui était d'une grande beauté, avait hérité de la douceur et de l'honnêteté de son père. .... raffolait de sa fille aînée, si semblable à elle. Par contre, ... éprouvait une aversion effroyable pour la plus jeune, qu'.................... faisait manger dans la cuisine et qu'.................... faisait travailler sans cesse.

Un jour, ... envoya la petite chercher de l'eau. Arrivée à la fontaine, ... vit une pauvre femme qui lui demanda à boire. .... lui tendit généreusement sa cruche…

D'après **Charles Perrault**, *Les Fées*, 1697.

À l'écrit

27 * Écriture • À partir du texte de l'exercice 28, racontez l'arrivée du narrateur devant le moulin qu'il va habiter.**
Le récit sera à la 1re personne du singulier. Vous emploierez 2 sujets inversés.

28 ** Réécriture • Réécrivez ce texte à la 3e personne du singulier et faites les modifications nécessaires.

Je suis si bien dans mon moulin ! C'est si bien le coin que je cherchais. Et que de jolies choses autour de moi ! Il y a à peine huit jours que je suis installé, j'ai déjà la tête bourrée d'impressions et de souvenirs…

D'après **Alphonse Daudet**, « Installation », *Les Lettres de mon moulin*, 1887.

....

....

....

....

....

....

....

29 * Dictée • Écrivez la dictée lue par votre enseignant-e.**

Avenant ....

....

....

....

....

....

....

....

Madame d'Aulnoy, *La Belle aux cheveux d'or*, 1697.

À l'oral

30 * Décrivez en quelques phrases l'animal de votre choix. Vous utiliserez quatre reprises nominales et pronominales.

47 Les compléments liés au verbe

Identifier l'attribut du sujet

L'**attribut du sujet** fournit une information sur le sujet. Placé après un verbe attributif, il ne peut être supprimé ni déplacé.
L'attribut du sujet peut être un adjectif qualificatif, un participe, un nom, un groupe nominal, un pronom, un groupe infinitif.

Exemples Elle <u>semble</u> **malade** et **épuisée**.
Gauguin <u>est</u> **un peintre célèbre**.
Ce livre <u>est</u> **le sien**.
L'essentiel <u>est</u> **de participer**.

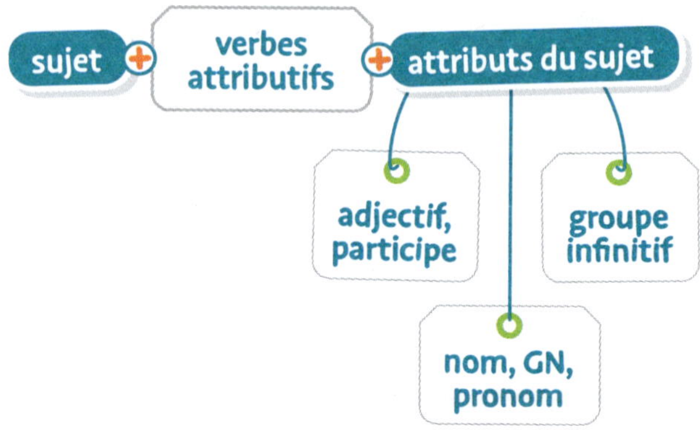

1 ✱ **Soulignez les attributs du sujet.**

a. Ce soir, la maison semble bien calme.
b. Ce jardin est une œuvre d'art.
c. La chaleur me paraît insupportable.
d. Le blouson bleu n'est pas le mien.

2 ✱ **Complétez chaque phrase par un attribut selon les indications.**

a. *adjectif qualificatif* → Cet examen vous a-t-il semblé .... ?
b. *nom commun* → Monsieur Dubois est ....
c. *GN* → Cet ordinateur me paraît ....
d. *infinitif* → Le mieux est de .... à la maison.

3 ✱✱ **Barrez les phrases qui ne contiennent pas d'attribut du sujet.**

a. J'ai fait réparer la voiture car elle ne démarrait plus.
b. Est-il malade à la veille des vacances ?
c. Pierre reste à la maison pour terminer son travail.
d. Ces jeunes enfants ont l'air de vrais petits diables.

4 ✱✱ **Quelle est la fonction des adjectifs soulignés : épithètes ou attributs du sujet ?**

	ÉPITHÈTE	ATTRIBUT
a. Marion est une <u>jeune</u> étudiante en droit.	○	○
b. Il est considéré comme un conteur <u>exceptionnel</u>.	○	○
c. Tu es <u>responsable</u> de ta sœur en notre absence.	○	○
d. Cet animal ne semble pas <u>agressif</u> avec les enfants.	○	○

5 ✱✱✱ **Soulignez les attributs du sujet et encadrez les sujets auxquels ils se rapportent.**

Elle était toujours belle, ses grands yeux noirs paraissaient encore plus grands à cause de l'appauvrissement de ses joues, son profil livide était pur et sublime.

D'après **Victor Hugo**, *Notre-Dame de Paris*, 1831.

Connaître les verbes suivis d'un attribut du sujet

Les **verbes suivis d'un attribut du sujet** (ou verbes attributifs) expriment une manière d'être du sujet, un état. Il s'agit :
- du verbe *être*
- des verbes d'état (*paraître, sembler, rester, devenir...*)
- de certains verbes d'action (*tomber, naître, vivre...*)

Exemples Elle **est** architecte. Nous **restâmes** immobiles. Et ils **vécurent** heureux.

Verbes suivis d'un attribut du sujet

être, paraître, sembler, demeurer, rester, naître, tomber...

6 * Entourez les verbes qui peuvent être suivis d'un attribut du sujet.

prendre • demeurer • essayer • demander • paraître • sembler • avoir • diriger • devenir • demander • rester • atteindre • dire • se trouver • vouloir • être

7 ** Remplacez le verbe *être* par un autre verbe pouvant être suivi d'un attribut du sujet.

a. L'arbitre est-il mécontent ? → ……………………

b. Ce toboggan n'est pas solide. → ……………………

c. Joachim est de plus en plus désagréable. → ……………………

d. Cette tarte est appétissante. → ……………………

8 ** Cochez les phrases qui contiennent un attribut du sujet.

a. ◯ Ils sont dans le train qui part pour Marseille.

b. ◯ Ils sont contrôleurs à bord des trains.

c. ◯ Boris demeura interdit en apprenant cette nouvelle.

d. ◯ Boris demeure dans le grand immeuble blanc près du collège.

9 * Réécriture • Remplacez *être* par un autre verbe qui peut être suivi d'un attribut du sujet.**

La terre est dévastée, déserte, silencieuse. Les yeux de Décalion se remplissent de larmes. « Nous sommes seuls au monde, ma chère épouse, et la terreur est toujours présente dans mon âme.… »

D'après **Ovide**, *Les Métamorphoses* © Flammarion Jeunesse, 2010.

……………………

……………………

……………………

……………………

49 Les compléments liés au verbe

Repérer les compléments d'objet directs

Le **complément d'objet direct** (COD) est relié au verbe sans préposition. Pour le repérer, on pose la question *Qui est-ce que ?* ou *Qu'est-ce que ?* en début de phrase.

Exemple Je mange **une pomme**.
Qu'est-ce que je mange ? **une pomme**

Les compléments d'objet directs peuvent être un nom (ou un GN), un pronom, un groupe infinitif ou une proposition subordonnée.

Exemples Paolo attend **le bus**. Prête-**le**-moi. Ils aiment **courir**.
Elle attend **que tu reviennes**.

Pour repérer le complément d'objet direct

Je pose la question : *Qui est-ce que ?* ou *Qu'est-ce que ?*

10 * **Soulignez les compléments d'objet directs (COD).**

a. Les deux frères cueillent des cerises.
b. Le vent agite les branches.
c. Faites vos exercices avant de sortir !
d. Je ne les vois pas sur la plage.

11 ** **Les mots ou groupes de mots soulignés sont-ils des COD ?**

	OUI	NON
a. Julien appelle son chat.	○	○
b. Nous jouons dans le jardin.	○	○
c. Elle veut sortir.	○	○
d. Ce chemin semble très boueux.	○	○
e. Dans la clairière se dresse un vieux chêne.	○	○

12 *** **Complétez les phrases par un complément d'objet direct en respectant la classe grammaticale indiquée.**

a. *GN* → J'attends ....
b. *groupe infinitif* → Pierre ne désire pas ....
c. *pronom* → Leïla .... invite à déjeuner mercredi.
d. *GN* → Il a emprunté .... à Antoine.

13 *** **Entourez les compléments d'objet directs.**

Alors vous imaginez ma surprise, au lever du jour, quand une drôle de petite voix m'a réveillé. Elle disait :

– S'il vous plaît… dessine-moi un mouton ! [...]

J'ai bien frotté mes yeux. J'ai bien regardé. Et j'ai vu un petit bonhomme tout à fait extraordinaire qui me considérait gravement.

Antoine de Saint-Exupéry, *Le Petit Prince*, 1943, © Gallimard, 1993.

50 Les compléments liés au verbe

Repérer les compléments d'objet indirects

Le **complément d'objet indirect** (COI) est relié au verbe par une préposition suivie d'un nom, d'un GN, d'un groupe infinitif... Pour le repérer, on pose la question *à qui ? de qui ? à quoi ?* ou *de quoi ?* après le verbe.

Exemples Il parle **de ses projets**.
Il parle de quoi ? **de ses projets**

Pour repérer le complément d'objet indirect

Je pose la question : *à qui ? de qui ? à quoi ? de quoi ?*

14 * **Entourez les compléments d'objet indirects. Aidez-vous de la question *à qui ? de qui ? à quoi ?* ou *de quoi ?* après le verbe.**

a. Les enfants tiennent beaucoup à leurs jouets.
b. Il aspire à devenir pilote de formule 1.
c. Claire va-t-elle changer de collège ?
d. L'entraîneur a parlé d'une nouvelle tactique.

15 ** **Complétez les phrases avec la préposition qui convient.**

a. Nous avons assisté hier .... une compétition de natation.
b. Les chevaux se nourrissent .... végétaux.
c. La magicienne Circé prévient Ulysse .... dangers qui l'attendent.
d. Persée demande .... Titan Atlas de lui offrir l'hospitalité.

16 ** **Soulignez les compléments d'objet indirects.**

a. Il a confié un secret à sa meilleure amie.
b. Elle préfère la tarte au gâteau au chocolat.
c. Pierre a envoyé un mail à son professeur.
d. Alma lui a donné son pull.

17 *** **Soulignez les quatre compléments d'objet indirects.**

Lorsqu'elle fut seule, elle appela sa sœur et lui dit :
– Ma sœur Anne, monte, je te prie, sur le haut de la Tour pour voir si mes frères ne viennent point…

Cependant la Barbe bleue, tenant un grand coutelas à sa main, criait de toute sa force à sa femme :
– Descends vite ou je monterai là-haut.
– Encore un moment, s'il vous plaît, lui répondait sa femme.

D'après **Charles Perrault**, « La Barbe bleue »,
Les Contes de ma mère l'Oye, 1697.

Employer les pronoms compléments

Les **pronoms compléments** remplacent un nom ou un groupe nominal, un groupe infinitif, une proposition.

Exemples As-tu vu Pierre ? Oui, je **l'**ai vu hier.
J'ai croisé tes amis. Je **leur** ai parlé.

Pronoms personnels compléments
- **COD :** me, te, le, la, nous, vous, les…
- **COI :** me, te, lui, nous, vous, leur…

18 * **Remplacez les mots et groupes de mots soulignés par un pronom COD.**

a. Mathilde vend ses DVD. → ....
b. Il connaît Hector depuis longtemps. → ....
c. On nous livre l'armoire demain. → ....
d. Ma sœur mange cette orange. → ....
e. La Fontaine a écrit ce conte. → ....

19 ** **Remplacez les mots ou groupes de mots soulignés par un pronom COI.**

a. Mes parents annoncent aux voisins la nouvelle. → ....
b. Tu as fait peur au chat. → ....
c. Valentin explique son plan à ses amis. → ....
d. Marine s'occupe de mon frère et moi. → ....

20 ** **Réécrivez les phrases en remplaçant les pronoms compléments soulignés par un nom ou un GN de votre choix.**

a. Elle l'oublie souvent. → ....
b. Il leur a souri en les apercevant. → ....
c. Ne les appelle pas. → ....
d. Tu penses tout le temps à eux. → ....
e. Le coq lui a échappé. → ....

21 *** **Complétez le texte avec ces pronoms compléments :** *la (2 x) • me (2 x).*
À l'oral, indiquez s'ils sont COD ou COI.

Je .... saisis solidement ; mais elle, elle .... saisit aussi… Tant bien que mal, je tirai mon épée, et, en .... faisant tournoyer, j'entrepris à grands coups de faucher ses têtes une à une… Or, j'en avais déjà abattu trois ou quatre, quand un doute .... vint…

D'après **Dominique Buisset**, *Les Douze travaux d'Hercule*, © Flammarion, 2012.

52 Les compléments liés au verbe

Identifier les compléments essentiels de temps, de lieu

Les **compléments essentiels de temps, de lieu** sont liés au verbe.
Ils ne peuvent être ni supprimés ni déplacés.
Ils apportent une information essentielle de temps ou de lieu.

Exemples Cet immeuble date **du XIXe siècle.**
Sa grippe a duré **une semaine.**
Aminata va **à Marseille.**

Les compléments essentiels de temps se trouvent après des :
- **verbes comme *durer, dater, rester***

Les compléments essentiels de lieu se trouvent après des :
- **verbes de localisation : *habiter, loger, se trouver...***
- **verbes de mouvement : *aller, se rendre, se diriger...***

22 * Soulignez les compléments essentiels de temps et de lieu dans les phrases suivantes, puis précisez leur nature.

a. Je vais à Venise. •
b. Je suis restée cinq jours. •
c. Le film dure deux heures. •
d. *Le Hobbit* date de 1937. •

• Complément essentiel de lieu
• Complément essentiel de temps (date)
• Complément essentiel de temps (durée)

23 ** Les phrases suivantes comportent-elles des compléments essentiels de lieu et de temps ? Si oui, soulignez-les.

	OUI	NON
a. La sorcière va dans la forêt.	○	○
b. Il aime se promener dans le jardin.	○	○
c. Ils ont acheté une maison l'an dernier.	○	○
d. Leur achat date de février dernier.	○	○

24 ** Complétez les phrases avec un complément essentiel de lieu ou de temps de votre choix.

a. Nos amis vont tous les ans ....
b. La compétition de judo a duré ....
c. Pierre se dirige ....
d. Cette statue vient ....

25 * Entourez les compléments essentiels de lieu et soulignez les compléments essentiels de temps.**

Quand nous étions enfants, mon oncle et ma tante habitaient en Normandie. Tous les étés, nous allions dans leur maison où nous restions pendant un mois. Cette demeure en pierre blanche qui datait des années cinquante se trouvait dans une petite rue qui débouchait sur la plage.

Bilan

Les compléments liés au verbe

Fiches 47 à 52
• Identifier l'attribut du sujet • Connaître les verbes suivis d'un attribut du sujet • Repérer les COD • Repérer les COI • Employer les pronoms compléments • Identifier les compléments essentiels de temps, de lieu

Je repère l'attribut du sujet et son verbe

26 * **Cochez les phrases qui comportent un attribut du sujet.**

a. ◯ Elle se montra habile aux fléchettes.
b. ◯ Les parents sont dans le jardin.
c. ◯ Lila resta longtemps silencieuse.
d. ◯ Karim se montre à la fenêtre.

27 ** **Transformez chaque groupe nominal en une phrase comportant un attribut du sujet. Variez les verbes.**

a. cette basketteuse célèbre → ....
....
b. ses aventures palpitantes → ....
....
c. ce gouffre profond → ....
....
d. cet homme intelligent → ....
....

Je repère COD et COI

28 * **Entourez les compléments d'objet directs.**

Épluchez, lavez, égouttez la laitue. Mettez les feuilles dans le saladier. Épluchez les oranges et le pamplemousse. Coupez-les en gros morceaux. Faites cette opération au-dessus d'un bol, de manière à recueillir le jus. Ajoutez les fruits à la laitue. Pressez le citron. Salez légèrement le jus de fruits, ajoutez-y le jus de citron puis la crème fraîche. Mélangez le tout et poivrez bien. Versez la sauce sur la salade et mélangez.

D'après **Françoise Bernard**, *La Cuisine rapide*, © Marabout, 1972.

29 ** **Cochez les phrases qui contiennent un complément d'objet direct et soulignez ce dernier.**

a. ◯ Peux-tu me prêter ta règle ?
b. ◯ Dans la cheminée flambent des bûches.
c. ◯ Pablo ouvre le paquet de gâteaux.
d. ◯ Et si nous allions à la Martinique ?
e. ◯ Il a toujours été gentil avec nous.

30 * **Soulignez les compléments d'objet indirects.**

a. Il lui parle souvent.
b. Elle pense à son frère.
c. Il se moque sans cesse de ses camarades.
d. Le chevalier échappe à ses ennemis.
e. Je fais croire à mes frères qu'ils ont raison.
f. Manon leur a téléphoné.

31 ** **Terminez les phrases par un complément d'objet direct ou indirect de votre choix.**

a. Je réponds ....
b. Vous avez vu .... au parc.
c. Madeleine assiste ....
d. Issa prépare ....
e. Il achète un DVD ....
f. L'arbitre siffle ....
g. Nous cherchons ....

J'emploie les pronoms compléments

32 * **Les pronoms soulignés sont-ils des compléments d'objet directs ou indirects ?**

	COD	COI
a. Le vase m'a échappé.	◯	◯
b. Tu l'emmènes à l'école.	◯	◯
c. Te verrai-je demain ?	◯	◯
d. Il lui a écrit hier.	◯	◯
e. Nous ne leur parlons plus.	◯	◯
f. Je ne les ai plus revus.	◯	◯

33 ** **Remplacez les pronoms compléments soulignés par les noms ou GN de votre choix.**

a. Je l'ai posé sur ton lit. → ....

....

b. Nous les avons trouvées dans la forêt.

→ ....

c. J'ai parlé de lui. → ....

d. Je leur ai prêté mes fiches. → ....

....

J'identifie les CE de temps et de lieu

34 ** **Soulignez les compléments essentiels et précisez s'ils indiquent le temps ou le lieu.**

a. La maison est orientée au sud. ....

b. L'examen durera deux heures. ....

....

c. Il loge chez l'habitant. ....

d. La construction du château remonte au Moyen Âge. ....

35 ** **Écrivez une phrase pour chaque verbe indiqué en employant un complément essentiel de temps ou de lieu.**

a. *venir* → ....

b. *aller* → ....

....

c. *durer* → ....

....

d. *revenir* → ....

e. *dater* → ....

À l'écrit

36 ** **Écriture • Lors d'une promenade en forêt, vous vous retrouvez face à un loup.** Racontez comment vous vous sortez de cette situation. Vous utiliserez trois compléments d'objet directs, deux compléments d'objet indirects, un attribut du sujet et deux compléments essentiels de temps ou de lieu.

37 *** **Réécriture • Réécrivez le texte en remplaçant le nom** « Héraclès » **par des pronoms compléments.**

Eurysthée refusa de rencontrer Héraclès. Il était chargé d'imposer des tâches à Héraclès et de veiller à leur bonne exécution, pas de fraterniser avec Héraclès, encore moins de faire ami-ami.

D'après **J. Cassabois**, *L'Épopée d'Héraclès, Le Héros sans limites*, © Le Livre de Poche, 2015.

....

....

....

....

....

....

38 ** **Dictée • Écrivez la dictée lue par votre enseignant-e. Nom donné : Bouvier.**

....

....

....

....

....

....

....

....

....

....

....

....

Janine Hiu, « Le Bouvier et la Tisserande », *Contes et légendes de Chine* © Nathan, 2015.

À l'oral

39 ** **Terminez ces phrases à l'oral à l'aide d'un complément essentiel ou d'un attribut du sujet de votre choix.**

a. Héraclès a accompli…

b. Il a vécu…

c. Son père était…

53 Les compléments circonstanciels (CC)

Utiliser les CC de temps

Les **compléments circonstanciels** (CC) apportent des précisions sur les circonstances de l'action. Ils peuvent être supprimés ou déplacés.

Les **compléments circonstanciels de temps** indiquent le moment, la date, la durée ou la fréquence d'une action.

Exemples Je viendrai vous voir **demain**. Nous avons fêté son anniversaire **le 12 décembre**. Il est parti en voyage **pendant deux mois**. **Toutes les semaines**, Sofia va à la piscine.

Le **complément circonstanciel de temps** peut être un GN, un groupe prépositionnel (GP), un pronom, un groupe infinitif, un adverbe, un gérondif ou une proposition subordonnée.

Pour trouver le CC de temps

Je pose la question : *Quand ?* ou *Pendant combien de temps ?*

1 * Soulignez les compléments circonstanciels de temps.

a. Peux-tu venir dimanche prochain ?
b. Pierre est resté chez lui une semaine.
c. À la fin du spectacle, ils ont applaudi.
d. En rentrant, j'ai aperçu un écureuil.
e. Nous irons dehors après avoir déjeuné.
f. Aujourd'hui, c'est la rentrée des classes.

2 ** Complétez les phrases avec un complément circonstanciel de temps de votre choix.

a. L'équipe de foot a remporté un match décisif ....
b. Ton frère et toi achèterez le pain ....
c. ...., les arbres reverdissent.
d. ...., nous irons en Provence.
e. Lena pourra sortir ....

3 ** Remplacez les compléments circonstanciels de temps soulignés par un GP de même sens.

a. <u>Après avoir goûté</u>, les enfants vont au parc. → ....
b. <u>Quand le soleil se couche</u>, il fait frais. → ....
c. J'ai trouvé le coupable <u>avant que le film ne soit fini</u>. → ....
d. Un bruit étrange a résonné <u>quand ils sont arrivés</u>. → ....

4 * Soulignez les compléments circonstanciels de temps.**

La peinture, à l'époque, n'était pas encore un placement. Le tableau entra dans la maison d'un membre du Parlement, sir Robert Mac Clea, et, de 1885 à 1915, ne fit plus parler de lui. Mais le fils de Robert Mac Clea, sir Daniel, coula avec le Lusitania, et *L'Homme à la dague* repassa au feu des enchères, deux ans plus tard.

Pierre Boileau et Thomas Narcejac, *Sans Atout contre l'homme à la dague*, coll. « Folio Junior », © Gallimard Jeunesse, 2009.

54

Les compléments circonstanciels (CC)

Utiliser les CC de lieu

Les **compléments circonstanciels** (CC) **de lieu** indiquent le lieu où l'on est, où l'on va, d'où l'on vient, par où l'on passe.

Exemples Il aime se promener **sur la plage**.
Elle est partie en train **pour Strasbourg**.
Elle est venue directement **de chez elle**.
Ils regagnent Paris **par la route nationale**.

Le **complément circonstanciel de lieu** peut être un GN, un groupe prépositionnel (GP), un pronom, un groupe infinitif, un adverbe ou une proposition subordonnée.

Pour trouver le CC de lieu

Je pose la question : Où ? D'où ? ou Par où ?

5 * **Soulignez les CC de lieu et entourez les prépositions lorsqu'il y en a.**

a. Après le dîner, mes parents ont raccompagné Maria jusqu'à sa porte.
b. La voiture est tombée en panne à la sortie du village.
c. Aujourd'hui, il y a beaucoup de monde place de la Concorde.
d. Franck a rencontré Pierre dans le train.

6 * **Soulignez les CC de lieu et indiquez à quelle question ils répondent.**

a. Nous attendons nos amis dans le jardin botanique. •
b. Marie s'entraîne au stade tous les soirs. •
c. De sa fenêtre, il observe les oiseaux. •
d. On descend se baigner par ce chemin. •

• Où ?
• D'où ?
• Par où ?

7 ** **Complétez les phrases par un complément circonstanciel de lieu de la liste.**

dans la cour • au marché • au plafond

a. .... était suspendu un lustre en cristal.
b. Les élèves font la course ....
c. Nous allons acheter des légumes ....

8 *** **Soulignez les quatre compléments circonstanciels de lieu.**

M. Eugène Foster […] vivait avec sa femme dans une maison de six étages, dans la 62e Rue, et ils avaient quatre domestiques. L'endroit était plutôt morne et ils recevaient peu de visites. Mais, le matin de janvier qui nous occupe, la maison s'était animée […]. Une servante déposait des paquets de housses dans toutes les chambres tandis qu'une autre en revêtait les meubles. Le maître d'hôtel descendait des valises qui allaient s'entasser au milieu du vestibule.

Roald Dahl, «Tous les chemins mènent au ciel», *Coup de gigot et autres histoires à faire peur*, trad. E. Gaspar et H. Barberis, © Gallimard Jeunesse, 2002.

Les compléments circonstanciels (CC)

55 Utiliser les CC de moyen

Les **compléments circonstanciels** (CC) **de moyen** indiquent le moyen, c'est-à-dire l'**objet** utilisé pour accomplir l'action.

Le **complément circonstanciel de moyen** est un groupe prépositionnel (GP).

Exemples Il est venu **en voiture**.
Le bébé mange **avec une cuillère spéciale**.

Pour trouver le CC de moyen

Je pose la question :
À l'aide de quoi ? Par quel moyen ?
ou *Grâce à quoi ?*

9 * **Soulignez chaque complément circonstanciel de moyen et entourez la préposition qui l'introduit.**

a. Louis aime-t-il dessiner avec des crayons de couleur ?
b. Ils sont arrivés de Lille en train.
c. D'une seule main l'homme souleva le bloc de pierre.
d. Cendrillon vint au bal avec un carrosse doré.

10 ** **Complétez chaque phrase avec le complément circonstanciel de moyen de votre choix.**

a. Simon a acheté ce DVD ....
b. Ce chien a creusé un grand trou ....
c. Le pilote survole la région ....
d. Nous avons appris cette nouvelle ....
e. Éloïse rédige ses devoirs ....

11 *** **Réécriture • Réécrivez le texte en plaçant au bon endroit les CC de moyen de la liste :** *de son glaive • de sa massue • avec une volée de flèches.*

Tendant son arc, Héraclès tenta de tuer le Lion de Némée ★ mais sans résultat. Il voulut ensuite lui porter un coup fatal ★ mais celui-ci se brisa comme un fétu de paille tant la peau du fauve était épaisse. Alors ★ le héros asséna un coup violent sur la tête du lion qui rugit de douleur.

D'après **Dominique Buisset**, *Les Douze travaux d'Hercule*, © Flammarion. 2012.

....
....
....
....
....
....

56 Les compléments circonstanciels (CC)

Utiliser les CC de manière

Les **compléments circonstanciels** (CC) **de manière** indiquent **comment** s'accomplit l'action. Ils ne désignent jamais un objet.
Le **complément circonstanciel de manière** peut être un groupe prépositionnel (GP), un adverbe, un gérondif.

Exemples Nous avançions **en sautillant** le long des rues.
Ils ont participé **avec joie** à la fête.

Pour trouver le CC de manière

Je pose la question : *De quelle manière ?* ou *Comment ?*

12 * Soulignez les compléments circonstanciels de manière.**

a. Malika attend avec impatience Noël.
b. Cédric est parti en claquant la porte.
c. Carla a brillamment réussi l'épreuve.
d. Paul a rencontré Marion par hasard.

13 ** Les groupes soulignés sont-ils des CC de manière ?

	OUI	NON
a. Ce journaliste a répondu avec humour aux critiques.	○	○
b. Elle joue du piano d'un seul doigt.	○	○
c. Discrètement, il se glisse dans la salle.	○	○
d. Ce chat est-il soigné par le vétérinaire ?	○	○
e. Avec énergie, Paul marque un essai.	○	○

14 ** Complétez chaque phrase avec la préposition qui convient.

a. Le père retint son fils .... fermeté.
b. Les Grecs sont sortis du cheval de Troie .... un bruit.
c. Mathilde a fait sa valise .... toute hâte.
d. Tu dois remplir ce questionnaire .... tricher.
e. .... y réfléchissant, je préférerais ne pas venir.

15 * Soulignez dans le texte les compléments circonstanciels de manière.**

Je me levai aussitôt et criai de toutes mes forces en agitant les bras. Je sautai en l'air en hurlant pour qu'ils s'arrêtent, qu'ils m'entendent, qu'ils me voient.

– Je suis là ! Là ! Je suis là !

Je ne m'arrêtai que lorsque j'eus la gorge en feu et ne pouvais plus crier. Le pétrolier glissait à l'horizon avec une lenteur désespérante.

D'après **Michael Morpurgo**, *Le Royaume de Kensuké*, traduction de D. Ménard, coll. « Folio Junior », © Gallimard Jeunesse, 2007.

Bilan Les compléments circonstanciels (CC)

Fiches 53 à 56
- Utiliser les CC de temps
- Utiliser les CC de lieu
- Utiliser les CC de moyen
- Utiliser les CC de manière

J'utilise les CC de temps, de lieu

16 * Soulignez les CC de temps et précisez s'ils indiquent une durée, une date, un moment ou une fréquence.

a. Ils jouent au basket toutes les semaines.

→ ....

b. Elle a rendez-vous à 15 heures. → ....

c. J'ai été malade toute la nuit. → ....

d. Le 1er août nous serons en vacances.

→ ....

e. Il boit chaque matin un jus d'orange.

→ ....

17 * Soulignez les CC de lieu.

a. Nous irons nous promener près du fleuve.
b. J'ai vu une jolie lampe dans ce magasin.
c. À Tahiti et à La Réunion, le soleil est très chaud.
d. En Grande-Bretagne, on roule à gauche.
e. Le vendeur de beignets passe tous les jours sur la plage.
f. Au coin de la rue, il rencontra sa meilleure amie.

18 ** Complétez les phrases avec un CC de temps de votre choix.

a. ...., le prince était en âge de se marier.

b. Il décida .... de donner une fête.

c. Le bal eut lieu au palais ....

d. ...., Cendrillon dut quitter le bal.

e. ...., le prince la chercha.

19 ** Complétez les phrases avec un CC de lieu.

a. Le chat dormait tranquillement ....

b. ...., les immeubles sont très hauts.

c. Pour les JO, les athlètes s'entraînent ....

d. Il a abondamment neigé .... aujourd'hui.

e. ...., Ramata surveille l'entrée du cirque.

20 * Soulignez les CC de temps et entourez les CC de lieu.**

Les deux hommes se remirent en route, abandonnant la sécurité relative du camp. Ils ne parlaient pas. Autour d'eux, les hurlements farouches avaient repris. Le jour se leva à neuf heures. À midi, l'horizon se teinta de rose, loin, vers le sud. Une lumière grise lui succéda jusqu'à trois heures.

D'après **Jack London**, *Croc-Blanc*, traduction de P. Sabathe, © Gallimard Jeunesse, 1988.

J'utilise les CC de moyen, de manière

21 ** Précisez si les groupes de mots soulignés sont des CC de moyen ou de manière.

	MOYEN	MANIÈRE
a. Ouvre la porte <u>avec ta clé</u>.	○	○
b. Il a écouté le cours <u>sans se laisser distraire</u>.	○	○
c. <u>Lentement</u>, Élise s'approche de la biche.	○	○
d. Les enfants ont décoré le gâteau <u>avec du sucre</u>.	○	○

22 ★★★ **Soulignez le CC de manière et entourez le CC de moyen.**

Passepartout ne vit pas Fix, qui se tenait dans l'ombre, mais Fix entendit le récit de ses aventures, que Passepartout narra en peu de mots à son maître. « J'espère que cela ne vous arrivera plus », répondit Philéas Fogg, en prenant place dans un des wagons du train. Le pauvre garçon suivit son maître sans rien dire.

D'après **Jules Verne**, *Le Tour du Monde en quatre-vingts jours*, 1873.

Je distingue les compléments circonstanciels

23 ★★ **Ajoutez des compléments circonstanciels selon les indications données.**

a. *CCTemps* → ...., Emma porte un blouson à capuche.

b. *CCMoyen* → Kevin va à son travail ....

c. *CCLieu* → J'ai acheté un roman.....................
....

d. *CCManière* → Il est arrivé près de nous ....
....

24 ★★ **Repérez les compléments circonstanciels et complétez le tableau.**

Un excellent homme nommé Dutilleul possédait le don singulier de passer à travers les murs sans en être incommodé. Il était employé de troisième classe au ministère de l'Enregistrement. En hiver, il se rendait à son bureau par l'autobus et, à la belle saison, il faisait le trajet à pied.

D'après **Marcel Aymé**, *Le Passe-Muraille*, 1941.

CC Lieu	....
CC Temps	....
CC Moyen	....
CC Manière	....

À l'écrit

25 ★★ **Écriture • Cendrillon imagine ses retrouvailles avec le prince. Vous emploierez dans votre texte les compléments circonstanciels :**
un matin • peu après • dans la forêt • en souriant • à cheval • de la main.

26 ★★ **Réécriture • Complétez le texte avec des compléments circonstanciels de votre choix en respectant les indications données.**

..............................*(CCT)*, la nuit était tombée .... *(CCT)*. Les étoiles brillaient .... *(CCL)*. .... *(CCT)*, Zoé et Tom apparurent .... *(CCL)*. Le jeune homme portait .... *(CCMoyen)* un gros paquet multicolore tandis que Zoé tenait .... *(CCManière)* un bouquet de roses blanches.

27 ★★★ **Dictée • Écrivez la dictée lue par votre enseignant-e.**

....
....
....
....
....
....
....
....
....
....
....

J. et **W. Grimm**, *Cendrillon*, trad. N. Rimasson-Fertin, © José Corti, 2014.

À l'oral

28 ★★★ **Développez oralement, le plus rapidement possible, la phrase suivante à l'aide de trois compléments circonstanciels (temps, manière, lieu).**

Le chien aboie.

Réviser la conjugaison du présent de l'indicatif

Le **présent de l'indicatif** est un temps simple.

Les verbes du 1er **groupe** ont pour terminaisons :
→ au singulier : *-e, -es, -e* → au pluriel : *-ons, -ez, -ent.*

Exemples *je parle, tu danses, il crée, nous mangeons, vous lancez, elles jouent*

Les verbes des **2e et 3e groupes** (sauf *aller, dire, faire*...) ont pour terminaisons :
→ au singulier : *-s, -s, -t* → au pluriel : *-ons, -ez, -ent.*
Exceptions : *-x, -x*

Exemples *je vois, tu finis, il tient, je peux, tu veux, il vaut, nous entendons, vous répondez, elles rendent*
mais *vous faites, vous dites, elles font, ils vont*

Singulier du présent de l'indicatif
- **verbes en -er :** -e, -es, -e
- **verbes en /R/ :** -s, -s, -t
  Exceptions : *pouvoir, valoir, vouloir* : -x, -x

Pluriel du présent de l'indicatif
- **Pour tous les verbes** -ons, -ez, -ent
  Exceptions : aller, dire, faire...

1 ✱ **Soulignez l'orthographe qui convient.**

a. Tu *changes / change* de gilet.
b. Je *descend / descends* dans cinq minutes.
c. Quand *reviens / revient*-elle me voir ?
d. Nous *partons / partont* demain.

2 ✱✱ **Mettez les verbes entre parenthèses au présent de l'indicatif.**

a. Tu .... *(gagner)* tous les concours d'orthographe auxquels tu .... *(participer)* !
b. Son père .... *(lire)* des histoires à son petit frère qui l'......................... *(écouter)* attentivement.
c. Ils .... *(se mettre)* à danser dès qu'ils .... *(entendre)* de la musique.

3 ✱✱✱ **Réécriture • Réécrivez le texte en remplaçant** « ces gosses » **par** « ce gosse ». **Faites toutes les modifications nécessaires.**

Il songea à ces gosses du Brésil qui jouent au foot avec des boîtes de conserve dans la rue ou sur la plage avec des ballons dégonflés, et qui tapent, qui tapent à la porte de leur rêve, sans jamais se décourager. Ils jouent, ils courent, ils dribblent, ils esquivent, ils sautent, ils inventent.

D'après **Jean-Claude Mourlevat**, *A comme voleur*,
© Pocket Jeunesse, 1998.

....
....
....
....

Conjuguer des verbes fréquents du 3e groupe au présent de l'indicatif

Au présent de l'indicatif, les formes des **verbes du 3e groupe** ne sont pas régulières. Certains verbes du 3e groupe changent de radical.

Il est donc essentiel de savoir conjuguer les verbes du 3e groupe fréquemment utilisés.

Les verbes en *-dre* et *-tre* gardent le *-d* ou le *-t* qui fait partie du radical.

Exemples je ren**d**s, tu pren**d**s, elle répon**d**, je tiens, tu ba**t**s, il reme**t**

Exemples de verbes du 3e groupe qui changent de radical

aller	je vais, tu vas, il va, nous allons, vous allez, ils vont
devoir	je dois, nous devons, ils doivent
dire	tu dis, nous disons, vous dites
faire	je fais, vous faites, elles font
savoir	je sais, nous savons, elles savent
***venir, tenir* et leurs dérivés**	je viens, nous venons, elles viennent je tiens, nous tenons, ils tiennent
pouvoir* et *vouloir	je peux, nous voulons, ils peuvent

4 * **Mettez les verbes entre parenthèses au présent de l'indicatif.**

a. Vous .... *(vouloir)* lire tous les jours le journal.

b. Il .... *(se rendre)* chez le médecin.

c. Combien ....-tu *(prendre)* de sucres dans ton thé ?

d. Je ne .... *(aller)* pas partir en vacances chez mes amis cet été.

5 ** **Mettez les verbes entre parenthèses au présent de l'indicatif et indiquez le verbe dont ils sont dérivés.**

a. Tu .... *(apprendre)* tes leçons avec beaucoup de sérieux. → ....

b. Je vous .... *(permettre)* d'entrer pour vous mettre à l'abri de la pluie. → ....

c. Il ne .... *(parvenir)* pas à retrouver son chemin ! → ....

d. Vous .... *(retenir)* votre souffle avant de plonger dans la piscine. → ....

6 *** **Complétez ces expressions avec un verbe du 3e groupe au présent de l'indicatif.**

a. Quand on veut, on ....

b. L'air ne .... pas la chanson.

c. L'appétit .... en mangeant.

d. À l'œuvre on .... l'artisan.

7 *** **Mettez les verbes entre parenthèses au présent de l'indicatif. À l'oral, précisez quel verbe n'appartient pas au 3e groupe.**

LE LOUP. – Vous .... *(savoir)*, on .... *(raconter)* beaucoup d'histoires sur le loup, il ne .... *(falloir)* pas croire tout ce qu'on .... *(dire)*.

D'après **Marcel Aymé**, *Trois contes du chat perché*, adapt. F. Arnaud et M. Barré, © Gallimard Jeunesse, 2001.

Réviser la conjugaison des verbes *être* et *avoir* au présent de l'indicatif

Bien connaître la conjugaison des verbes ***être*** et ***avoir*** est essentiel.

Ces deux verbes sont utilisés comme **auxiliaires** dans la construction des temps composés.

Exemples tu **es** partie
j'**ai** écrit
nous **sommes** venus
elles **ont** lu

Le verbe *être*	Le verbe *avoir*
je suis	j'ai
tu es	tu as
il / elle est	il / elle a
nous sommes	nous avons
vous êtes	vous avez
ils / elles sont	ils / elles ont

8 * **Soulignez l'orthographe qui convient.**

a. Tu *as* / *a* de la chance : tu *es* / *est* le gagnant de la loterie !
b. Pouvez-vous vous asseoir ? Vous *est* / *êtes* devant l'écran.
c. Depuis l'an dernier, nous *sont* / *sommes* les arbitres de rugby de l'association.
d. Ils *ont* / *sont* contents de vos progrès.

9 ** **Complétez chaque phrase avec le verbe *être* au présent de l'indicatif et à la bonne personne.**

a. Si elles .... heureuses de ce cadeau, j'en .... très content !
b. Nous .... nombreux à assister à son concert de jazz !
c. ....-tu satisfait de la décoration de la salle des fêtes ?
d. Bruno et toi .... mes meilleurs amis depuis l'école primaire.
e. Molière .... un auteur de théâtre français du XVIIe siècle.

10 ** **Complétez chaque phrase avec le verbe *être* ou *avoir* :**

a. Quel modèle de calculatrice ....-vous ?
b. Les fleurs .... fraîches et parfumées.
c. Elles .... d'excellents résultats scolaires.
d. Tu .... surpris de notre venue !
e. La Bible .... le livre le plus diffusé.

11 ** **Complétez le texte avec le verbe *être* ou *avoir* au présent de l'indicatif.**

Attends, Hannah ! J'.................. une idée. Elle .... sans doute folle mais au point où nous en .... Dis-moi, ...-ce que les pandas .... un bon odorat ?

D'après **Jean-Claude Mourlevat**, *La Rivière à l'envers*, t. 1 « Tomek », © Pocket Jeunesse, 2000.

Connaître les différents emplois du présent de l'indicatif

Dans un texte, le présent de l'indicatif peut avoir **différents emplois** :

→ **le présent d'énonciation**
Il sert à évoquer ce qui se passe au moment où l'on parle. On le trouve dans les dialogues.

→ **le présent d'habitude**
Il exprime une action qui se répète.

→ **le présent de vérité générale**
Il permet de parler de quelque chose qui est vrai, maintenant et toujours. On l'utilise dans les définitions, les proverbes…

→ **le présent de narration**
Il permet de raconter un événement passé et, ainsi, de donner l'impression au lecteur que l'action se passe sous ses yeux.

Les emplois (ou valeurs) du présent de l'indicatif

- **le présent d'énonciation** : Il est 20 heures, l'heure de manger.
- **le présent de vérité générale** : Après la pluie vient le beau temps.
- **le présent d'habitude** : Elle lit souvent des romans.
- **le présent de narration** : Alors le petit Poucet sème des cailloux derrière lui.

12 ** Associez chaque phrase à la valeur du présent de l'indicatif qui convient.**

a. Le chat est un mammifère de petite taille. •
b. Chat échaudé craint l'eau froide. •
c. Mon chat aime dormir sur le radiateur. •

• présent de vérité générale
• présent d'habitude

13 ** Mettez les verbes entre parenthèses au présent de l'indicatif. Puis précisez la valeur du présent.**

a. Le pape .... *(couronner)* Charlemagne empereur en 800. → ....
b. Hélène .... *(aller)* chez le coiffeur tous les mois. → ....
c. Le xylophone .... *(être)* un instrument de percussion à lames de bois. → ....

14 ** Quel est l'emploi du présent de l'indicatif dans le premier vers ? Et dans le dernier vers ?**

Le père mort, les fils vous retournent le champ
Deçà delà, partout ; si bien qu'au bout de l'an
Il en rapporta davantage.
D'argent, point de caché. Mais le père fut sage
De leur montrer avant sa mort
Que le travail est un trésor.

Jean de La Fontaine,
« Le Laboureur et ses enfants », *Fables*, Livre V, 9.

→ ....

....

Le présent et le futur de l'indicatif

Réviser la conjugaison du futur simple

Le **futur simple** est un temps de l'indicatif. Il présente un fait qui se déroulera **après** le moment où l'on parle. Il permet d'évoquer l'**avenir**.

Les terminaisons du futur sont identiques pour tous les verbes : **r** + *-ai, -as, -a, -ons, -ez, -ont.*

Pour la plupart des verbes, on trouve le futur à partir de l'infinitif du verbe.

Exemples je change**rai**, nous fini**rons**

Certains verbes ont un radical spécifique au futur.

Exemples tu voud**ras**, il mour**ra**, elles se**ront**, ils sau**ront**

Le futur simple

terminaisons : -r-ai, -r-as, -r-a, -r-ons, -r-ez, -r-ont

15 * **Entourez les formes verbales au futur simple.**

je serai • nous aurions • elle partirait • vous voudriez • vous changerez • il deviendra • on croirait • tu parleras • ils grandiront • je verrai • j'aimerais • nous oserons

16 * **Soulignez la forme verbale qui convient.**

a. Nous *réfléchirons* / *réfléchiront* à ton offre.
b. Elle ne *croiras* / *croira* jamais ton histoire !
c. Quel jour *voyageront* / *voyagerons*-ils en car ?
d. Demain, je *prendrai* / *prendrais* mon billet.

17 ** **Mettez les verbes entre parenthèses au futur simple.**

a. Avec ce pull, vous n'.................... *(avoir)* plus jamais froid.
b. Le directeur de l'école nous .... *(recevoir)* dans son bureau.
c. Dès demain, tu .... *(se lever)* une heure plus tard car ce sont les vacances !
d. Je .... *(faire)* tout mon possible pour progresser.
e. Elles .... *(venir)* la semaine prochaine.
f. Nous .... *(offrir)* un CD à Faris.
g. ....-vous *(retenir)* les terminaisons du futur simple ?

18 *** **Mettez les verbes entre parenthèses au futur simple.**

Je vais te préparer un breuvage que tu .... *(emporter)* à terre avant le lever du soleil, tu .... *(s'asseoir)* sur le rivage et tu le .... *(boire)*, et alors ta queue .... *(se fendre)* et, en se rétrécissant, elle .... *(se transformer)* en ce que les hommes appellent deux jolies jambes, mais cela te .... *(faire)* mal, comme si on te coupait avec une épée tranchante.

D'après **Hans Christian Andersen**, « La Petite Sirène » (1837) trad. M. Auchet, © Librairie générale française, 2000.

Connaître les différents emplois du futur simple

Le **futur simple** situe l'action indiquée par le verbe dans l'avenir par rapport au moment où l'on parle.

Exemple Il **viendra** garder les enfants <u>ce soir</u>.

Le futur simple peut également exprimer :

→ des ordres ou des conseils à la 2e personne (c'est la valeur injonctive) ;

→ des promesses, formulées à la 1re personne.

Exemples Tu **prendras** soin des plantes.
Je **ferai** de mon mieux.

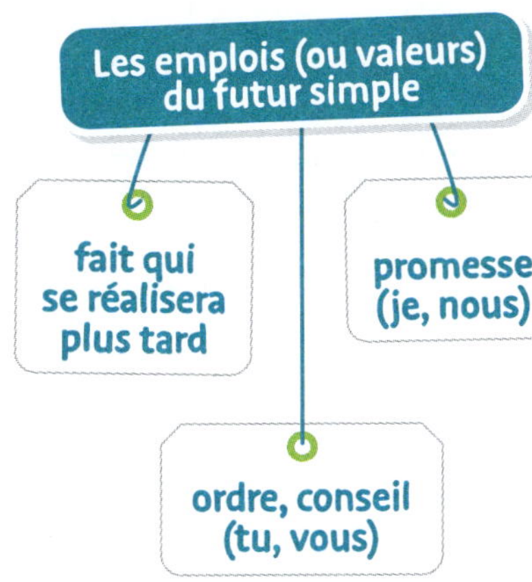

19 * Réécrivez ces phrases au futur simple. Quelle est la valeur du futur simple ?

a. Demain, je vais en ville. → ....

b. Vous arrivez dans 20 minutes. → ....

c. On sort les poubelles ce soir. → ....

Dans ces phrases : ....

20 ** Associez chaque verbe au futur simple à la valeur exprimée.

a. Tu n'iras pas au cinéma ce soir. •	• une promesse
b. Vous prendrez votre écharpe, il va faire froid. •	• un ordre
c. Je ferai des efforts au 2e trimestre. •	• un conseil

21 * Mettez les verbes entre parenthèses au futur simple.**
Quelle est la valeur exprimée par ce temps ?
Quelle est la valeur exprimée par le groupe verbal souligné ? Mettez-le au futur simple.

Dieu s'adresse à Noé.

« Tu .... *(faire)* à l'arche un toit et tu l'.......... *(achever)* une coudée plus haut, tu .... *(placer)* l'entrée de l'arche sur le côté et tu .... *(faire)* un premier, un second et un troisième étages. Pour moi, je <u>vais amener</u> le déluge, les eaux, sur la terre. »

D'après *La Bible de Jérusalem*, « La Genèse », VI, 5 à VIII, 17, trad. de l'École biblique et archéologique française de Jérusalem, © Éditions du Cerf, 1998.

La valeur exprimée par les verbes au futur simple : ....

La valeur exprimée par le groupe verbal souligné : ....

Je vais amener → ....

Bilan

Le présent et le futur de l'indicatif

Fiches 57 à 62

• Réviser la conjugaison du présent de l'indicatif • Connaître les différents emplois du présent de l'indicatif
• Réviser la conjugaison du futur simple
• Connaître les différents emplois du futur simple

J'emploie le présent de l'indicatif

22 * **Entourez la forme qui convient.**

a. Ils *tienne / tiennent* un café en ville.
b. Tu *perd / perds* la partie d'échecs !
c. Je *pars / part* le premier.
d. Nous *finissons / finirons* notre assiette.

23 ** **Mettez les verbes au présent de l'indicatif.**

a. Je .... *(prendre)* le train de 7h12.
b. ....-tu *(venir)* avec nous à la piscine ?
c. Il .... *(savoir)* par cœur ce poème.
d. Elles .... *(faire)* un stage d'été.

24 ** **Mettez les verbes au présent de l'indicatif.**

L'ogre, un beau jour d'hiver, ...
[*(peigner)* sa peau velue,
................................*(se présenter)* au palais de
[la fée, et ....*(saluer)*,
Et .... *(s'annoncer)* à l'huissier
[comme prince Ogrousky.

D'après **Victor Hugo**, « L'ogre et la fée », *Toute la lyre*, 1861.

25 *** **Mettez les verbes au présent de l'indicatif. Quelle est la valeur du présent ?**

On ne .... *(s'affliger)* point
[d'avoir beaucoup d'enfants,
Quand ils .... *(être)* tous beaux, bien
[faits et bien grands,
Et d'un extérieur qui .... *(briller)* ;
Mais si l'un d'eux ....*(être)* faible ou ne
[............. *(dire)* mot,
On le ....*(mépriser)*, on le ....
[*(railler)*, on le....................... *(piller)*.

D'après **Charles Perrault**, « Le Petit Poucet », 1697.

→ La valeur du présent : ....

J'emploie les verbes *être* et *avoir*

26 * **Complétez chaque phrase avec le verbe *être* ou *avoir* au présent de l'indicatif.**

a. L'infirmière .... présente tous les jours.
b. Les footballeurs .... des maillots jaunes.
c. Qui .... les gagnants de la course ?
d. ....-tu ce jeu de société ?
e. Je l'............ mais où ....-il ?

27 * **Conjuguez le verbe *être* au présent de l'indicatif.**

....
....
....
....
....
....

28 ** **Réécriture • Réécrivez le texte en remplaçant « je » par « tu ». Quelle est la valeur du présent ici ?**

Je m'appelle Amandine. Quand je me regarde dans une glace, je trouve que j'ai l'air d'une petite fille de dix ans. Ce n'est pas étonnant. Je suis une petite fille et j'ai dix ans.

Michel Tournier, « Amandine ou les deux jardins », *Sept contes*, © Gallimard Jeunesse, 2008.

....
....
....
....
....

→ La valeur du présent : ....
....

J'emploie le futur simple

29 ★★ Entourez dans cette liste les verbes au futur simple de l'indicatif.

je venais • je viendrai • tu oseras • tu porterais • il fera • elle courrait • nous créerons • nous vaincrons • vous direz • vous partez • elles souffrent • ils vendront

30 ★★ Mettez les verbes au futur simple.

Debout dans la forêt la petite sirène .... *(s'arrêter)* tout effrayée, son cœur .... *(battre)* d'angoisse et elle .... *(être)* sur le point de s'en retourner mais elle .... *(penser)* au prince, à l'âme humaine et elle .... *(reprendre)* courage. Elle .... *(enrouler)* ses longs cheveux flottants pour ne pas donner prise aux polypes, ... *(croiser)* ses mains sur sa poitrine et .... *(s'élancer)* comme le poisson peut voler à travers l'eau.

H. C. Andersen, « La Petite Sirène », 1837.

31 ★★ Complétez les phrases avec un verbe de votre choix au futur simple.

a. Demain, nous .... au marché.

b. J'........................ le temps de me doucher.

c. ....-tu du dessert ?

d. Vous .... un château de sable.

32 ★★★ Mettez les verbes au futur simple. Quelle est la valeur exprimée par le dernier verbe au futur ?

– Non, ma chère Bête, vous ne .... *(mourir)* point ! lui dit la Belle. Vous .... *(vivre)* pour devenir mon époux. […] je vous donne ma main et je jure que je ne .... *(être)* qu'à vous.

Mme Leprince de Beaumont, *La Belle et la Bête*, 1758.

→ La valeur du futur : ....

À l'écrit

33 ★★ Écriture • Écrivez deux courts paragraphes à propos de votre emploi du temps. Le premier commencera par « Aujourd'hui » **et sera rédigé au présent de l'indicatif. Le second débutera par** « Demain » **et sera rédigé au futur simple.**

34 ★★★ Réécriture • Réécrivez le texte en remplaçant « je » **par** « il ».

Je ne prétends point vous voler votre fille, et ce n'est que de votre main que je veux la recevoir. Ce que je vous dirai, Monsieur, c'est que je viens tout à l'heure de recevoir des lettres par où j'apprends que mon oncle est mort et que je suis héritier de tous ses biens.

Molière, *Le Médecin malgré lui*, III, 11, 1666.

....

....

....

....

....

....

....

35 ★★★ Dictée • Écrivez la dictée lue par votre enseignant-e.

....

....

....

....

....

....

....

....

....

Nina Bouraoui, *Garçon manqué*, © Éditions Stock, 2000.

À l'oral

36 ★★ Récitez la conjugaison au futur simple des verbes *avoir* et *être*.

63

L'imparfait et le passé simple de l'indicatif

Réviser les terminaisons de l'imparfait

Les **terminaisons de l'imparfait** de l'indicatif sont : ***-ai-s, -ai-s, -ai-t, -i-ons, -i-ez, -ai-ent.***

Ce temps est formé sur le radical de la 1re personne du pluriel du présent de l'indicatif.

Exemples nous **décid**ons *(présent)*
nous **décid**ions *(imparfait)*

L'imparfait du verbe *être* se forme sur le radical *ét-* :
*j'**ét**ais, tu **ét**ais, il **ét**ait, nous **ét**ions, vous **ét**iez, ils **ét**aient*

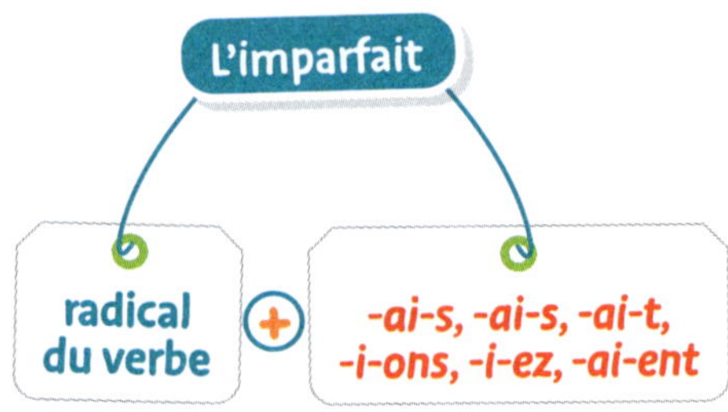

1 * **Entourez les verbes à l'imparfait de l'indicatif.**

tu dansais • nous rentrerons • vous partiez • on voudrait • on voulait • elle savait • il saurait • elles demanderaient • elles demandaient • tu agiras • je plaisantais

2 ** **Mettez les verbes entre parenthèses à l'imparfait de l'indicatif.**

a. Nous .... *(descendre)* les escaliers quand nous l'avons croisé.

b. Vous .... *(participer)* tous les ans aux jeux régionaux.

c. Je ne .... *(croire)* pas pouvoir venir.

d. Qui ne .... *(vouloir)* pas de mousse au chocolat ?

3 ** **Complétez chaque phrase avec un verbe à l'imparfait qui convient.**

a. Il ....une fois un Chat botté très malin.

b. L'ogre .... un merveilleux château.

c. Tu .... te transformer en souris.

d. Il ne .... pas et fut mangé par le chat !

e. Nous .... captivés par ce conte.

4 *** **Mettez les verbes entre parenthèses à l'imparfait de l'indicatif.**

Sur la terre nouvellement formée, le temps .... *(s'écouler)* et les générations .... *(se succéder)*. [...] Le printemps .... *(être)* éternel, et la tiède haleine des vents .... *(caresser)* doucement les fleurs écloses sans semence. Pour produire, la terre n'.......................... *(attendre)* pas les soins du laboureur, et les champs, sans travail, ... *(se couvrir)* d'abondantes moissons. Des fleuves de lait, des rivières de nectar .... *(couler)* dans les campagnes ; le miel .... *(tomber)* en gouttes blondes de l'écorce des chênes.

Ovide, *Métamorphoses*, « Les quatre âges et le crime de Lycaon », trad. d'Annie Collognat, © Le Livre de Poche Jeunesse.

Conjuguer des verbes fréquents du 3e groupe à l'imparfait

Beaucoup de **verbes du 3e groupe** modifient leur radical. Il est donc important de maîtriser la conjugaison de ces verbes fréquemment employés à l'imparfait.
Une fois le radical identifié, on y ajoute (comme pour les verbes des 1er et 2e groupes) les terminaisons : ***-ais, -ais, -ait, -ions, -iez, -aient.***

aller	il allait, elles allaient
connaître	tu connaissais, vous connaissiez
devenir	je devenais, vous deveniez
devoir	on devait, ils devaient
faire	elle faisait, ils faisaient

pouvoir	je pouvais, elles pouvaient
prendre	tu prenais, nous prenions
vivre	je vivais, nous vivions
voir	je voyais, nous voyions
vouloir	il voulait, vous vouliez

5 * Mettez les verbes entre parenthèses à l'imparfait de l'indicatif.

Il .... *(être)* une fois un roi et une reine. Plus que tout au monde, ils .... *(vouloir)* avoir un enfant. Mais ils n'en .... *(avoir)* pas. Alors ils .... *(aller)* régulièrement se recueillir en espérant un miracle.

6 ** Mettez les verbes à l'imparfait de l'indicatif.

a. Elle .... *(faire)* de son mieux et nous le .... *(voir)*.

b. Tu .... *(prendre)* de ses nouvelles et .... *(venir)* le voir souvent.

c. Si jeunesse .... *(savoir)*, si vieillesse .... *(pouvoir)*.

d. Quand il .... *(comprendre)* ses leçons, il les .... mieux *(apprendre)*.

7 ** Réécriture • Réécrivez le texte en mettant les verbes de la liste à l'imparfait et en les plaçant aux endroits indiqués : *avoir • s'habiller • savoir • aller • voir.*

Il y ★ une fois une bonne petite fille, aimée de tous ceux qui la ★, mais surtout de sa grand'mère, qui ne ★ rien lui refuser. Celle-ci lui fit présent d'un petit chaperon de velours rouge, et, comme il lui ★ très bien, et qu'elle ne ★ plus autrement, on l'appela le petit Chaperon rouge.

D'après **Charles Deulin**, « Le Petit Chaperon rouge »,
Les Contes de ma mère l'Oye avant Perrault, 1879.

....

....

....

....

....

Apprendre la conjugaison des verbes *être* et *avoir* au passé simple

Au passé simple, les verbes ***être*** et ***avoir*** ont une conjugaison en « **u** ».

Exemples Je f**u**s vite de retour.
Vous f**û**tes surpris !
Nous e**û**mes une mauvaise idée.
Elle e**u**t de la peine.

Le verbe *être*	Le verbe *avoir*
je fus	j'eus
tu fus	tu eus
il/elle fut	il/elle eut
nous fûmes	nous eûmes
vous fûtes	vous eûtes
ils/elles furent	ils/elles eurent

15 * Soulignez chaque verbe conjugué et précisez son infinitif.

	AVOIR	ÊTRE
a. Au zoo, il eut très envie de voir les otaries.	○	○
b. Le prince et Cendrillon eurent beaucoup d'enfants.	○	○
c. Je fus son ami pendant plusieurs années.	○	○
d. Les fillettes furent sages pendant toute la séance.	○	○

16 ** Mettez ces phrases au passé simple en utilisant le verbe *être* ou le verbe *avoir*.

1. Vous .... satisfaits de notre travail de groupe.
2. Ton frère et ton père .... de grands champions de handball.
3. Il .... agréable de passer du temps avec eux.
4. Tu .... triste car nous .... absents toute la semaine.
5. C'est pour mes dix ans que j' .... ce fabuleux cadeau.
6. Quand ils .... onze ans, ils entrèrent en sixième.

17 * Complétez chaque phrase avec un sujet de votre choix.**

a. .... eut le temps d'arriver le premier chez la grand-mère.
b. .... eurent de la chance.
c. .... eut l'idée de semer des petits cailloux blancs.

18 * Mettez le verbe *être* au passé simple. Entourez dans le texte deux autres formes du verbe *être*. Précisez à l'oral quels sont leurs temps.**

L'acclamation .... *(être)* unanime ; on se précipita vers la chapelle. On en fit sortir en triomphe le bienheureux pape des fous. Mais c'est alors que la surprise et l'admiration .... *(être)* à leur comble ; la grimace était son visage.

Victor Hugo, *Notre-Dame de Paris*, 1831.

Employer l'imparfait et le passé simple dans un récit

Dans un récit au passé, deux temps sont majoritairement employés : l'**imparfait** et le **passé simple**.

Le **passé simple** permet de raconter la succession des actions principales, délimitées dans le temps. Ce sont les actions de **premier plan**.

L'**imparfait** permet de décrire les lieux, les personnages (l'arrière-plan du récit) et les actions non délimitées dans le temps. Ce sont les actions de **second plan**.

Exemple Toute la campagne **dormait** paisiblement. La neige **tombait** à gros flocons quand des oies sauvages s'envolèrent.

Le passé simple
- → des actions délimitées dans le temps
- → une succession d'actions principales

actions de 1er plan

L'imparfait
- → des actions non délimitées dans le temps
- → l'arrière-plan du récit

actions de 2[d] plan

19 * **À quel temps faut-il conjuguer le verbe entre parenthèses ?**

a. Poséidon *(déclencher)* une tempête contre Ulysse. •
b. Du balcon, l'océan *(s'étendre)* sous leurs yeux. •
c. D'un coup, il *(s'élancer)* contre son adversaire. •
d. Autrefois, on *(s'éclairer)* à la lampe à huile. •

• imparfait
• passé simple

20 ** **Mettez les verbes entre parenthèses au passé simple ou à l'imparfait.**

a. Les mouettes .... *(voler)* dans le ciel quand il .... *(reprendre)* connaissance.
b. Ils .... *(ranger)* les tables lorsque la lumière .... *(s'éteindre)*.
c. Le soleil .... *(pointer)* à l'horizon ses rayons quand elle .... *(se réveiller)*.
d. Elle .... *(dormir)* depuis trois heures quand le téléphone .... *(sonner)*.
e. Ulysse et ses compagnons .... *(arriver)* quand ils .... *(voir)* le Cyclope.
f. Alors qu'ils .... *(commencer)* à se réchauffer, ils .... *(entendre)* l'ogre arriver.

21 *** **Dans ce récit, mettez les verbes indiqués à l'imparfait ou au passé simple.**

À nouveau, Ben .... *(regarder)* le ciel. Les nuages .... *(s'assombrir)* et le tonnerre .... *(se rapprocher)*. Une autre heure .... *(s'écouler)*, puis deux. L'après-midi .... *(devoir)* tirer à sa fin et il .... *(marcher)* toujours sans aucun repère connu. Les nuages .... *(sembler)* lancés à sa poursuite, le vent .... *(empoigner)* sa chemise, ... *(tordre)* ses cheveux. Un tas de rochers .... *(se dresser)* à deux ou trois cents mètres devant lui et il .... *(dévaler)* la pente dans cette direction.

D'après **A. W. Eckert**, *La Rencontre*, trad. H. Theureau © Le Livre de Poche Jeunesse, 2014.

Bilan L'imparfait et le passé simple de l'indicatif

Fiches 63 à 68
• Réviser l'imparfait • Découvrir le passé simple • Apprendre la conjugaison de *être* et *avoir* au passé simple • Employer l'imparfait et le passé simple dans un récit

Je révise les terminaisons de l'imparfait

22 * Entourez les verbes à l'imparfait.
j'allais • je réviserai • nous prenions • ils tiendraient • tu ferais • il finissait • on grandirait • nous conduirons • elle veillait • ils prenaient • vous écrivez

23 * Mettez les verbes à l'imparfait.

a. Tous les étés, elle .... *(lire)* de longs romans sur la plage.

b. Qui .... *(vouloir)* aller à la piscine ?

c. Le soleil .... *(se lever)* : il .... *(être)* à peine 5 heures du matin.

d. .... *(venir)*-ils souvent ici ?

e. Nous .... *(rire)* aux éclats.

24 ** Mettez les verbes à l'imparfait.

La face de la Terre ne .... *(se manifester)* pas encore. Il y .... *(avoir)* seulement l'océan [...]. Rien n'.......................... *(exister)*, tout .... *(être)* en suspens, inerte. Le Ciel à peine créé, rien n'.......................... *(émerger)* encore. Seules les eaux .... *(s'étendre)*, limitées.

Pop Wuh, *Le Livre des événements*, trad. A. Amberni, © Gallimard, 1990.

25 * Complétez le texte avec les verbes de la liste mis à l'imparfait :** *être (x 2) • illuminer • pouvoir • s'étonner • vivre.*

Dans des temps très anciens, alors qu'il .... encore être utile de faire des vœux, ... un roi dont toutes les filles .... belles. La plus jeune .... si belle que le soleil, qui en a cependant tant vu, ... chaque fois qu'il .... son visage.

J. et W. Grimm, « Le roi Grenouille », 1812.

Je découvre le passé simple

26 * Mettez les verbes au passé simple.

Elle .... *(penser)* mourir de peur, et la clef du cabinet, qu'elle venait de retirer de la serrure, lui .... *(tomber)* de la main. Après avoir un peu repris ses sens, elle .... *(ramasser)* la clef, ... *(refermer)* la porte, et .... *(monter)* dans sa chambre pour se remettre un peu [...].

Charles Perrault, « La Barbe bleue », 1697.

27 ** Classez les verbes selon leur modèle de conjugaison au passé simple : *soutenir • pincer • faire • rougir • écrire • lire • voir • crier • vouloir • revenir • aller • être • détenir • boire.*

en « a »	....
en « i »	....
en « u »	....
en « in »	....

28 ** Mettez les verbes au passé simple.

a. Je .... *(remettre)* mon manteau et .... *(partir)*.

b. Elle .... *(croire)* bien faire mais ce .... *(être)* sans effet.

c. Ils .... *(venir)* nous voir et .... *(tenir)* un étrange discours.

d. Ils .... *(perdre)* leurs clés et .... *(devoir)* appeler un serrurier.

J'emploie *être* et *avoir* au passé simple

29 ★ Complétez avec les formes qui conviennent : *eut • eurent • fut • furent.*

Le prince .... à affronter le dragon.

Puis la princesse .... réveillée d'un baiser.

À la fin, ils se marièrent, ... heureux

et .... beaucoup d'enfants.

30 ★★ Complétez ces phrases avec *être* **ou** *avoir* **au passé simple.**

a. Il .... peur de se perdre.

b. Il .... soulagé de retrouver un chemin.

c. Quand ils .... compris, ils .... satisfaits.

J'emploie l'imparfait et le passé simple dans un récit

31 ★ Employez le temps qui convient.

Ce n'était pas vraiment une mélodie, mais dès la première note, les paupières du monstre .... *(devenir)* lourdes, il .... *(arrêter)* de grogner, ses jambes .... *(faiblir)*, il .... *(trébucher)* puis .... *(s'effondrer)* sur le sol, profondément endormi.

J. K. Rowling, *Harry Potter à l'école des sorciers*, © Gallimard Jeunesse, 1997.

32 ★★★ Mettez les verbes au passé simple ou à l'imparfait selon ce qui convient.

[Le jars] .... *(déployer)* ses ailes et .... *(s'élever)* dans l'air, mais il .... *(avoir)* si peu l'habitude de voler qu'il .... *(retomber)* à terre. Les oies .... *(revenir)* en arrière, ralentissant pour voir s'il .... *(aller)* faire une nouvelle tentative. Nils, le gardien d'oies, ... *(entendre)* et .... *(voir)* tout cela [...].

Selma Lagerlöf, *Le Merveilleux Voyage de Nils Holgersson à travers la Suède*, 1906 © Flammarion Jeunesse, 2010.

À l'écrit

33 ★★ Écriture • À l'aide d'un-e camarade, écrivez la suite de ce conte en employant l'imparfait et le passé simple. Vous rédigerez au moins dix phrases.

Il y avait une fois un merveilleux musicien qui marchait seul, tout seul dans une vaste forêt.

J. et W. Grimm, « Le Merveilleux Ménestrel », 1812.

34 ★★★ Réécriture • Réécrivez le texte en remplaçant « il » par « ils ».

Lorsqu'il revint à la surface, sa seule idée fut de rejoindre le radeau. En quelques brasses, il l'atteignit, se hissa sur le plancher et s'assit au milieu, se cramponnant pour éviter la mort. Les vents le ballottaient de tous côtés.

Homère, *Odyssée*, trad. J. Woronoff, © Casterman, 1996.

....

....

....

....

....

....

35 ★★★ Dictée • Écrivez la dictée lue par votre enseignant-e.

....

....

....

....

....

....

....

....

V. Malone, *Cochon-Neige*, © éd. du Seuil, 2004.

À l'oral

36 ★★★ À l'oral, faites deux phrases avec chaque verbe proposé. Dans une phrase, le verbe exprimera une action de 1re plan ; dans l'autre, une action de 2d plan.

faire • sortir • voler

71 Les temps composés de l'indicatif

Accorder le participe passé employé avec l'auxiliaire *être*

Employé **avec l'auxiliaire *être***, le participe passé d'un verbe **s'accorde** en genre et en nombre **avec le sujet**.

Il faut donc bien identifier le sujet du verbe pour accorder le participe passé.

Exemples <u>elle</u> est émerveillé**e**
<u>elles</u> sont émerveillé**es**

9 * **Soulignez le sujet de chaque verbe pour justifier l'accord du participe passé.**

a. Les résultats sont annoncés ce soir.
b. Pourquoi sont-elles rentrées de vacances ?
c. La petite place de la mairie était fleurie.
d. Quand étaient-ils venus la dernière fois ?

10 ** **Dans ces phrases, accordez le participe passé.**

a. Les journaux seront distribué........ tous les matins.
b. Les patineuses sont récompensé.......... de leurs efforts.
c. Les listes étaient affiché.......... dans le hall du collège.
d. À quelle heure les enfant se sont-ils réveillé........ ce matin ?
e. Mirna et Kenza, vous êtes arrivé.......... à l'heure. Vous serez félicité..........!

11 ** **Réécrivez ces phrases avec le sujet proposé.**

a. Les rallyes seront retransmis à la télévision.
→ Les courses automobiles ....

b. Le gâteau au chocolat est parfaitement cuit.
→ La tarte aux pommes ....

c. Les feuilles mortes étaient ramassées par les enfants.
→ Les marrons ....

12 *** **Réécriture • Réécrivez le texte en remplaçant** « les mots » **par** « les lettres ». **Faites toutes les modifications nécessaires.**

Alors un matin, les mots se sont enfuis. Ils ont cherché un abri, un pays où vivre entre eux, loin des bouches détestées. Ils sont arrivés ici, une ancienne ville minière, abandonnée depuis qu'on n'y trouvait plus d'or. Ils s'y sont installés.

Erik Orsenna, *La Grammaire est une chanson douce*, © éd. Stock, 2001.

....
....
....

Accorder le participe passé employé avec l'auxiliaire *avoir*

Employé **avec l'auxiliaire *avoir***, le participe passé ne s'accorde **jamais avec le sujet**.

Exemple Elle a invité ses cousins.

Employé avec l'auxiliaire *avoir*, le participe passé **s'accorde avec le COD** quand celui-ci est **placé avant l'auxiliaire**.
Dans ce cas, le COD peut être :
- un pronom personnel ;
- un pronom relatif.

Exemples Elle les (= ses cousins) a invité**s**.
Ses cousins, qu'elle a invité**s**, arrivent demain.

13 * Soulignez dans chaque phrase le COD. Accordez le participe passé si besoin.

a. Il a acheté........ des cahiers à spirales.

b. Les cahiers qu'il a acheté.......... sont à spirales.

c. Ses affaires, il les a emporté............ pour ses cours d'aujourd'hui.

d. Ce sont les affaires qu'il a acheté.............

14 ** Entourez l'auxiliaire *avoir*. Soulignez le pronom COD puis choisissez la terminaison du participe passé qui convient.

a. Ta voiture ? Où l'as-tu garé */ ée / ées* ?

b. Les pommes que nous avions ramassée */ és / ées* étaient délicieuses.

c. Ces moufles, je les ai portés */ ée / ées* toute ma petite enfance !

d. Les lots que vous aurez gagné */ ez / és* seront à partager.

15 ** Complétez chaque phrase en respectant la terminaison du participe passé.

a. .... qu'il a cuisinés sont trop salés.

b. .... qu'il a soufflées ont coulé sur le gâteau.

c. .... ? Elle .... a envoyés il y a une semaine.

d. Je ne retrouve pas .... Ne l'as-tu pas vue ?

16 ** Complétez avec les participes passés : *transformé* • *inventé* • *emprunté*. **Pensez à les accorder si nécessaire.**

Tricheur ! Tu n'as pas .... cette histoire d'amour ! Tu l'as .... à la mythologie, même si tu l'as un peu ....

Jean-Paul Nozière, *Retour à Ithaque*, © Gallimard Jeunesse, 2000.

73 Les temps composés de l'indicatif

Bien orthographier les participes passés en [i]

Pour conjuguer les verbes aux temps composés, il faut savoir bien orthographier les participes passés. Les verbes du 2e groupe ont tous un **participe passé en *-i***.

Exemple *bâtir* → J'ai bât**i** un empire.

Certains verbes du 3e groupe ont également un participe passé en ***-i***, ***-is*** ou ***-it***.

Exemples *suivre* → Il a suiv**i** cet itinéraire.
prendre → Tu as pr**is** ta douche.
cuire → Nous avons cu**it** un gâteau.

Pour bien orthographier les participes passés en *-i*, *-is* ou *-it*

je mets le participe passé au féminin
elle est prise → pris
elle est cuite → cuit

17 * **Écrivez le participe passé de chaque verbe.**

a. construire : ....
b. salir : ....
c. poursuivre : ....
d. partir : ....
e. suffire : ....
f. transmettre : ....
g. dire : ....
h. fuir : ....
i. finir : ....

18 ** **Choisissez la terminaison qui convient.**

a. Ce roman a été écr.... au XIXe siècle. •
b. Bien mal acqu.... ne profite jamais. •
c. Il a démol.... mon château de sable ! •
d. Il faudra travailler dans le temps impart.... •

• -i
• -is
• -it

19 *** **Orthographiez correctement les participes passés.**

a. D'un seul coup, le geyser a .... *(jaillir)* !
b. Deux pommes ont .... *(pourrir)* dans le compotier.
c. Le médecin a-t-il .... *(prescrire)* un sirop contre la toux ?
d. En me mentant, tu as .... *(trahir)* ma confiance.
e. Ton explication a .... *(permettre)* de résoudre le problème.

20 *** **Orthographiez correctement les participes passés des verbes entre parenthèses.**

L'inspecteur l'avait .... *(avertir)* : tout serait .... *(écrire)* sur le procès verbal. L'accusé avait .... *(fournir)* un solide alibi mais il avait .... *(pâlir)* quand il avait .... *(comprendre)* que l'inspecteur avait .... *(recueillir)* des témoignages à charge. Alors il a .... *(dire)* qu'il avait .... *(mentir)* et qu'il avait mal .... *(agir)*.

Maud Varbédian, *Je joue avec les mots*, © Magnard, 2018.

Distinguer participe passé et infinitif en [e]

Pour les verbes du 1er groupe, on ne fait pas la différence à l'oral entre un **infinitif en -er** et un **participe passé en -é** : ils se prononcent de la même manière.

Exemples Il a neig**é** ce matin.
Il devrait neig**er** ce matin.

Pour distinguer participe passé en -é et infinitif en -er

je remplace le verbe en -er par un verbe du 3e groupe pour lequel la différence s'entend.

Elle a commandé.
→ Elle a pris / ~~prendre.~~

Elle va commander.
→ Elle va ~~pris~~ / prendre.

21 * Soulignez l'orthographe qui convient.

a. Vous avez *emprunter* / *emprunté* trois romans du XIXe siècle.

b. Ils pourront *se déguiser* / *se déguisé* pour le carnaval.

c. Elle a *changer* / *changé* depuis la dernière fois !

d. Elles ne voulaient pas *rester* / *resté* : elles sont donc *rentrer* / *rentrées* chez elles.

22 ** Associez chaque forme verbale à la terminaison qui convient.

a. Il s'est lev...... d'un bond ! •

b. Nous allons déjeun...... •

c. Vous avez exig...... une tenue correcte. •

d. Quelle somme doit-on calcul...... ? •

• *-é*

• *-er*

23 ** Réécrivez les phrases en remplaçant le verbe du 1er groupe par un verbe synonyme du 3e groupe de votre choix.

a. Nous avons réalisé cette maquette. → ....

b. Dimanche, il faut nettoyer les vitres. → ....

c. Antonin a organisé une fête pour son anniversaire. Lui avez-vous donné un cadeau ?

→ .... ?

d. Vous avez préparé une délicieuse mayonnaise. → ....

....

24 ** Complétez le texte en employant le participe passé ou l'infinitif des verbes entre parenthèses. ***Le narrateur est un garçon.***

J'étais à deux genoux sur la terre, ... *(appuyer)* sur mes mains, le nez .... *(baisser)* dans mes topinambours, quand j'entendis .... *(crier)* mon nom d'une voix impatiente. C'était Barberin qui m'appelait. Que me voulait-il ? Je me hâtai de .... *(rentrer)* à la maison.

Hector Malot, *Sans famille*, 1878.

Bilan Les temps composés de l'indicatif

Fiches 69 à 74

• Comprendre la correspondance des temps • Conjuguer au passé composé • Accorder le participe passé selon l'auxiliaire • Bien orthographier les participes passés en [i] • Distinguer participe passé et infinitif en [e]

Je comprends la correspondance des temps

25 ** Reliez le temps simple au temps composé correspondant.

elle réussit •	• elle avait réussi
elle réussissait •	• elle aura réussi
elle réussira •	• elle a réussi

26 * Classez les verbes conjugués dans le tableau.**

– Eh bien, j'ai tort, dit-il, j'ai mal placé [mon choix,
J'ai commis une faute énorme,
Je ferai mieux une autre fois.

C. **Perrault**, « Les Souhaits ridicules », 1697.

Temps simple	Temps composé
....	....
....	....
....	....

J'emploie le passé composé

27 ** Mettez les verbes au passé composé.

a. Tu .... *(saisir)* cette occasion.

b. ....-nous .... *(oublier)* l'heure du rendez-vous ?

c. Il .... *(cuire)* ce plat au four.

d. Elles .... mal .... *(jouer)*.

28 * Complétez ces phrases avec un verbe au passé composé de votre choix.**

a. La bibliothèque .... des livres sur les pirates.

b. Pourquoi ....-vous .... la lumière alors qu'il fait encore nuit ?

c. Comme je .... tard, mes parents ....

J'accorde le participe passé avec *être* et *avoir*

29 * Indiquez avec quel auxiliaire est employé le participe passé.

a. Elle est passée près de nous sans nous voir. •
b. Quand avez-vous eu votre ami au téléphone ? •
c. Cette nouvelle m'a surpris. •
d. Nous avons dépensé tout notre argent de poche ! •
e. Ils sont partis à l'aube. •

• *être*
• *avoir*

30 * Lisez ces phrases, puis complétez le tableau.

1. Tes cheveux sont coupés très court.
2. Tes cheveux, tu les as attachés pour le sport.
3. Ils ont coupé leurs cheveux pour la photo de classe.

Le participe passé		
ne s'accorde pas	s'accorde avec le sujet	s'accorde avec le COD
phrase n°	phrase n°	phrase n° ....

31 ** Accordez le participe passé si nécessaire.

a. Ma place de stationnement est occupé........ .

b. Les patins que tu m'as prêt........ sont trop petits pour moi.

c. Les médecins ont annonc........ une grande découverte.

d. Les progrès qu'il a fait........ sont visibles !

e. Cette histoire ? je l'ai lu........ et relu........ !

f. Ces ingrédients sont sélectionn........ avec soin.

J'orthographie correctement les participes passés en [i]

32 * Soulignez les participes passés dans ces phrases.

a. Rangez le jeu : nous avons fini la partie.
b. Restez assis jusqu'à l'arrêt du véhicule.
c. Dans ce nouveau lit, ils ont bien dormi.
d. La neige avait blanchi les allées.

33 ** Complétez ces phrases avec le participe passé du verbe entre parenthèses.

a. *(rafraîchir)* Cette eau claire a .... les randonneurs.

b. *(dire)* Qu'ont-ils .... ?

c. *(construire)* À quel siècle cette cathédrale a-t-elle été .... ?

Je distingue participe passé et infinitif

34 ** Complétez le texte en employant le participe passé ou l'infinitif du verbe indiqué. *Le narrateur est un garçon.*

Longtemps je dus .... *(rester)* dans le sommeil. Comment fus-je .... *(éveiller)* ? Je ne sais. Quand j'ouvris les yeux, ... *(étonner)* de me .... *(retrouver)* sous ce buisson, le soleil était bas, et l'après-midi touchait à sa fin. Rien ne semblait .... *(changer)* autour de moi.

D'après **Henri Bosco**, *L'Enfant et la rivière*, © Gallimard, 1945.

35 * Complétez cet extrait avec les terminaisons qui conviennent : *-er* • *-é* • *-ée*.**

Le faucon s'est transform...... en un beau jeune homme, Maria a accept....... de se mari........ avec lui. Le faucon l'a épous........ et l'a emmen......... dans son royaume. Les heures ont sonn........ l'une après l'autre et une année entière a pass........ ainsi.

D'après **Alexandre Afanassiev**, « Maria des mers », *Contes de Russie*, trad. C. Terrouanne, © Actes Sud Junior, 1997.

À l'écrit

36 ** Écriture • Écrivez votre recette pour faire une bonne pâte à crêpes.
Vous emploierez uniquement des verbes en *-er* à l'infinitif.

37 * Réécriture • Réécrivez cet extrait en faisant de *je* une narratrice.**

J'étais bien plus isolé qu'un naufragé sur un radeau au milieu de l'océan. Alors vous imaginez ma surprise, au lever du jour, quand une drôle de petite voix m'a réveillé.

Antoine de Saint-Exupéry, *Le Petit Prince*, © Gallimard, 1943.

....
....
....
....
....

38 * Dictée • Écrivez la dictée lue par votre enseignant-e. *Le narrateur est un garçon.***

....
....
....
....
....
....
....
....

J.M.G. Le Clézio, *Villa Aurore*, © Gallimard, 1985.

À l'oral

39 * Apprenez ces vers afin de les réciter et les retranscrire à l'écrit sans erreur.**

J'ai remué le sable sur les plages
Et sur ce sable j'ai dormi.
J'ai laissé dans mes mains du sable
Se laisser faire par le vent.

Eugène Guillevic, *Terre à bonheur*, VII, © Seghers, 2004.

Conjuguer au présent de l'impératif

L'**impératif** est le mode de l'injonction (voir leçon 35).

Il ne compte que **trois personnes** et le pronom personnel sujet (*tu, nous, vous*) n'apparaît pas.

Les terminaisons sont les mêmes qu'au présent de l'indicatif mais, pour les verbes en *-er* dont *aller*, il n'y a pas de s au singulier.

Exemples *chercher* → cherch**e**, cherch**ons**, cherch**ez**
courir → cour**s**, cour**ons**, cour**ez**
aller → va, all**ons**, all**ez**

Certains verbes ont un radical particulier.

Exemples *être* → sois, soyons, soyez
avoir → aie, ayons, ayez
savoir → sache, sachons, sachez
vouloir → veuille, veuillons, veuillez

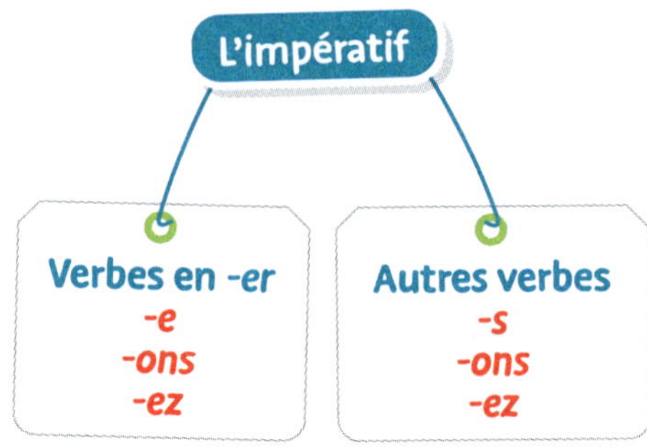

1 * Mettez les verbes entre parenthèses au présent de l'impératif aux personnes indiquées.

a. .... (*dessiner, 2ᵉ pers. du singulier*) correctement les angles de ta figure géométrique.

b. .... (*appeler, 2ᵉ pers. du pluriel*) vos grands-parents avant de passer les voir.

c. .... (*se mettre, 1ʳᵉ pers. du pluriel*) en tenue de sport avant le début du cours.

d. Ne ....(*cacher, 2ᵉ pers. du singulier*) pas tes soucis à tes parents.

2 ** Complétez le tableau suivant.

	terminer	se taire	descendre	être
2ᵉ pers. du singulier	....	tais-toi	....	....
1ʳᵉ pers. du pluriel	....	....	....	soyons
2ᵉ pers. du pluriel	....	....	....	....

3 * Réécriture • Quel personnage utilise l'impératif ? Soulignez son nom. Puis réécrivez ses paroles à la 2ᵉ personne du pluriel.**

MONSIEUR ORGON. – Parle ; si la chose est faisable, je te l'accorde.
SILVIA. – Elle est très faisable ; mais je crains que ce ne soit abuser de vos bontés.
MONSIEUR ORGON. – Eh bien, abuse. Va, dans ce monde, il faut être un peu trop bon pour l'être assez.

Marivaux, *Le Jeu de l'amour et du hasard*, I, 2, 1730.

....

....

....

Employer l'impératif

L'**impératif** est un **mode utilisé** dans les phrases injonctives.

Ce mode permet de donner des ordres, des conseils mais, également, de signifier une défense.

Exemples Assieds-toi. Mangez, bougez !
Ne mangeons pas tout.

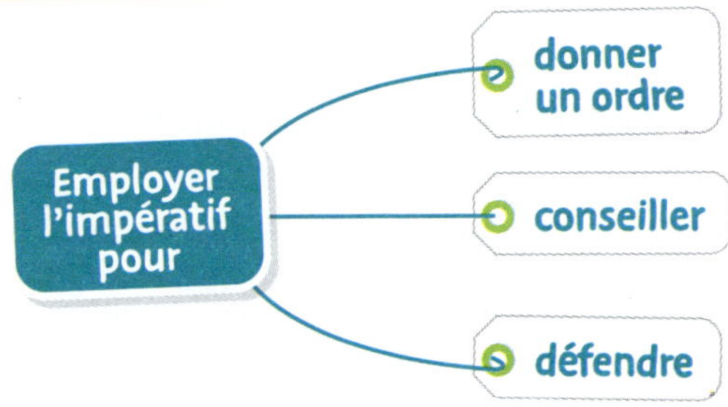

4 * **Associez chaque verbe à l'impératif à sa valeur.**

a. Aie confiance en toi. •
b. Sors tes affaires ! •
c. Ne jetez pas de papiers sur la voie publique. •

• un ordre
• un conseil
• une défense

5 ** **Soulignez les verbes au présent de l'impératif. Indiquez leur infinitif.**

a. Soyez rassurés : votre avion partira à l'heure. → ....

b. Promets-moi de revenir très vite. → ....

c. Devine qui vient dîner ce soir. → ....

d. Partons vite : le vent se lève ! → ....

e. Si je t'aime, prends garde à toi ! → ....

6 ** **Complétez chaque phrase avec un verbe de votre choix au présent de l'impératif.**

a. Pour ne pas faire la queue, ... vos billets à l'avance.

b. Ne .... pas, nous n'avancerons pas plus vite !

c. .... à droite : dans cette rue, il y a toujours de la place.

d. Nous n'avons pas compris ce que tu as dit : .... !

7 *** **Réécriture • Soulignez les verbes au présent de l'impératif.**
Ces verbes expriment-ils un ordre ou un conseil ?
Puis réécrivez cet extrait à la 2e personne du pluriel.

– N'aie crainte ! Il ne t'arrivera rien. Je suis la déesse Ino. Écoute mon conseil : quitte ces vêtements et ce radeau. À la nage, regagne le rivage de Phéacie où t'attend le salut. Prends ce voile divin qui te protégera.

Homère, *Odyssée*, trad. de M. Woronoff, © Casterman, 2003.

→ ....

....

....

....

Conjuguer au présent du conditionnel

Au **présent du conditionnel**, les terminaisons sont les mêmes que celles de l'imparfait : *-ais, -ais, -ait, -ions, -iez, -aient.* Elles sont toujours précédées de *-r*. Pour la plupart des verbes, on forme le **conditionnel** à partir de l'infinitif. Certains verbes ont un radical particulier.

Exemples je surgir**ais**, tu sauter**ais**, il bondir**ait**, nous escalader**ions**, vous prendr**iez**, elles mettr**aient**

La 1re personne du singulier du présent du conditionnel se prononce de la même manière qu'au futur simple. À l'écrit, il faut faire attention à la terminaison. Pour les distinguer, il suffit de changer de personne.

Exemples je partirais *(présent du conditionnel)* → tu partirais
je partirai *(futur simple)* → tu partiras

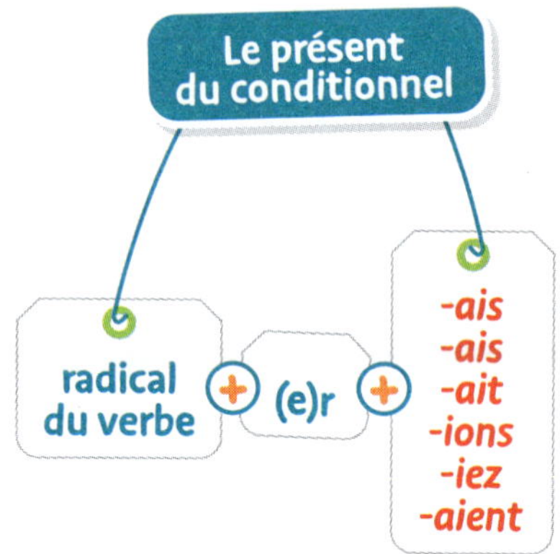

8 * Entourez les verbes au présent du conditionnel.

vous iriez • ils peindraient • elles portaient • j'irai • on verrait • tu courras • nous rentrerions

9 * Mettez ces phrases au présent du conditionnel.

a. Je veux voyager en Asie. → ....

b. Pouvez-vous me céder votre place ? → ....

c. Il aime aller au cinéma. → ....

d. Tu souhaites visiter New York. → ....

e. Elle rêve d'assister à ce match. → ....

10 ** Complétez ces phrases par un verbe de votre choix au présent du conditionnel.

a. ....-vous de la monnaie ?

b. On .... que le temps s'améliore.

c. Tu .... ranger ta chambre !

d. Il .... confirmer ton rendez-vous.

11 ** Soulignez les verbes au présent du conditionnel. Puis mettez les verbes en gras au présent du conditionnel.

LA PETITE FILLE. – Mais si l'on parvenait à retrouver la formule, peut-être pourrait-on faire réapparaître votre amie ?
LE FANTÔME. – Ce serait la fin de mes tourments ! La revoir ! La revoir une dernière fois, pour trouver enfin la paix et le repos !
LA PETITE FILLE. – C'**est** (..................) très simple : il **suffit** (..................) de partir à la recherche de cette Stella !

D'après **Jean-Pierre Moreux, Patricia Giros**, *Un Fantôme dans le métro*,
© Les éditions de l'Amandier, 1995.

Employer le conditionnel

Le conditionnel fait partie des temps de l'indicatif mais il peut avoir les **valeurs** d'un mode lorsqu'il exprime un **fait qui pourrait** ou **aurait pu avoir lieu**.

Le conditionnel est utilisé pour exprimer :

1. une action possible ou impossible ;
2. un fait soumis à condition (exprimée par une proposition à l'imparfait, introduite par *si*) ;
3. le futur dans un récit au passé.

Exemples 1. Tu **écrirais** un chef-d'œuvre et **deviendrais** célèbre !
2. Si tu voulais venir, je **serais** heureuse.
3. Pénélope pensait qu'Ulysse **reviendrait**.

4. Le conditionnel s'emploie aussi pour une demande polie.

Exemple **Pourriez**-vous m'indiquer la rue Victor Hugo, s'il vous plaît ?

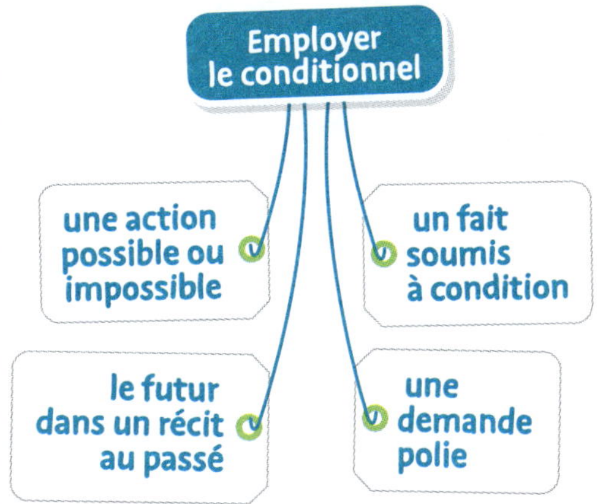

12 * Complétez chaque phrase avec une proposition au présent du conditionnel.

a. Si mes parents acceptaient, ...

b. Avec des si, ...

c. Sans vouloir te commander, ...

d. Si vous changiez de comportement, ...

13 ** Associez à son emploi chaque verbe au présent du conditionnel.

a. Devant tant de monde, il aurait le trac.	•	• une action possible
b. Elle croyait que nous nous perdrions !	•	• un fait soumis à condition
c. Si je gagnais le 1er prix, mes parents seraient fiers !	•	• une demande polie
d. Pourriez-vous me contacter rapidement ?	•	• un futur dans le passé

14 ** Soulignez les verbes au présent du conditionnel. Qu'expriment-ils ?

Ils travailleraient longtemps. Puis ils dîneraient ou sortiraient dîner, ils retrouveraient leurs amis ; ils se promèneraient ensemble.
Il leur semblerait parfois qu'une vie entière pourrait harmonieusement s'écouler entre ces murs couverts de livres […]. Ils appelleraient cet équilibre bonheur et sauraient, par leur liberté, par leur sagesse, par leur culture, le préserver, le découvrir à chaque instant de leur vie commune.

Georges Perec, *Les Choses*, © René Julliard, 1965.

→ ....

Bilan L'impératif et le conditionnel

Fiches 75 à 78
- Conjuguer et employer l'impératif
- Conjuguer et employer le conditionnel

Je conjugue au présent de l'impératif

15 * Conjuguez chaque verbe aux trois personnes du présent de l'impératif.

a. *appuyer* : ....

b. *finir* : ....

c. *être* : ....

d. *revenir* : ....

e. *boire* : ....

16 ** Soulignez la forme verbale qui convient.

a. *Passes / Passe* nous voir demain.
b. *Changez / Changer* de trottoir.
c. Courage, *fuitons / fuyons* !
d. *Brosses-toi / Brosse-toi* les dents.

17 ** Soulignez les verbes au présent de l'impératif. Indiquez leur infinitif.

a. Mettons-nous vite à l'abri. → ....

b. Regarde-moi sans colère ! → ....

c. Ne me défends pas de jouer. → ....

d. Laissez-moi entrer ! → ....

18 ** Réécrivez ces phrases en mettant les verbes au présent de l'impératif à la personne indiquée.

a. Ne pas mettre le chauffage. *2e pers. singulier*

→ ....

b. Ne pas utiliser l'échelle. *1re pers. pluriel*

→ ....

c. Laisser ses affaires. *2e pers. pluriel*

→ ....

d. Ne pas prendre le bus. *2e pers. singulier*

→ ....

e. Entrer calmement. *1re pers. pluriel*

→ ....

J'emploie l'impératif

19 ** Retrouvez l'emploi de chaque verbe à l'impératif. conseil • défense • ordre

a. Ne marchez pas sur les pelouses. → ....

b. Regarde comme c'est beau ! → ....

c. Lave-toi les mains avant le dîner. → ....

d. Couvre-toi, il fait froid. → ....

e. Taisez-vous. → ....

20 ** Entourez les verbes au présent de l'impératif. Qu'expriment-ils ? Réécrivez la phrase en gras en utilisant un verbe au présent de l'impératif.

ARNOLPHE. – **Point de bruit davantage**. Montez là-haut.
AGNÈS. – Mais quoi ! Voulez-vous...
ARNOLPHE. – C'est assez. Je suis maître, je parle : allez, obéissez.

Molière, *L'École des femmes*, II, 5, 1663.

→ ....

....

....

→ ....

Je conjugue le présent du conditionnel

21 * Mettez les verbes indiqués au présent du conditionnel.

a. On .... *(dire)* le Sud.

b. Si j'avais un marteau, je .... *(cogner)* le jour.

c. Moi si j'étais un homme, je .... *(être)* capitaine.

d. Si j'étais elle, je .... *(savoir)* dire tant de ces choses.

e. Il .... *(sembler)* bien que je vous aime.

22 ** **Complétez avec un verbe de votre choix au présent du conditionnel.**

a. Qui .... cette histoire ?

b. Toi, tu ne .... pas cette course ?

c. Si nous le pouvions, nous .... le temps !

d. Sans ton aide, il .... tout !

23 *** **Mettez les verbes au présent du conditionnel.**

– Ça ne se .... *(passer)* pas du tout comme ça. Ma gouvernante ne me .... *(dispenser)* pas de mes leçons pour si peu. Si elle ne pouvait pas se rappeler mon nom, elle .... *(crier)* : « Allons, là-bas, Mademoiselle ! » – Eh bien, si elle te disait : « Allons là-bas, Mademoiselle ! », tu t'en .... *(aller)* là-bas, et ainsi tu ne .... *(réciter)* pas tes leçons.

D'après **Lewis Carroll**, *De l'autre côté du miroir*, 1872.

J'emploie le conditionnel

24 ** **Soulignez les verbes au présent du conditionnel. Qu'expriment-ils ?**

a. Elle espérait que vous reviendriez à temps.

→ ....

b. Tu serais le loup et moi le petit Chaperon Rouge. → ....

c. S'ils pouvaient, ils feraient le tour du monde !

→ ....

25 ** **Soulignez les verbes au conditionnel. Qu'expriment-ils ?**

On préserverait ainsi le roi. Mais qui peut savoir cela ? Et encore celui qui le saurait et le dirait serait changé en pierre depuis les pieds jusqu'aux genoux.

Les frères Grimm, « Le fidèle Jean », 1819.

→ ....

À l'écrit

26 ** Écriture • **Imaginez ce que vous emporteriez sur une île déserte et pourquoi.** Vous rédigerez votre texte au présent du conditionnel.

27 *** Réécriture • **Réécrivez cette recette au présent de l'impératif à la 2e personne du singulier.**

Faites mariner les crevettes dans l'huile et le jus de citron vert. Ajoutez la coriandre. Laissez cette marinade une nuit au réfrigérateur. Coupez une mangue en fins bâtonnets. Mélangez la mangue et les crevettes. Disposez dans une verrine. Servez très frais.

....

....

....

....

....

....

....

28 *** Dictée • **Écrivez la dictée lue par votre enseignant-e.**

....

....

....

....

....

....

....

....

....

....

Roald Dahl, *Sacrées Sorcières*, trad. M.-R. Farré, © Gallimard Jeunesse, 2007.

À l'oral

29 *** **Vous réalisez un tutoriel pour montrer un enchaînement de step. Présentez chaque étape à la 2e personne du présent de l'impératif.**

Identifier des familles de mots

Une **famille de mots** est l'ensemble de tous les mots qui ont le **même radical**.
Le radical est l'élément de base d'un mot, celui qui porte le sens d'origine.

Exemple chant → **chant**er, **chant**eur, **chant**onner

Une même famille peut avoir deux radicaux différents.

Exemples fleur → **fleur**iste, **fleur**ir
flor → **flor**aison, **flor**al

Une famille de mots

- **même radical** : terre, terrestre, terrain, atterrir, terrier, territoire…
- **deux radicaux** : mer, amerrir, amerrissage… marin, marée, maritime…

1 ★ Pour chaque mot proposé, trouvez trois mots de la même famille.

a. dent → ....
b. saut → ....
c. mont → ....
d. rire → ....

2 ★★ Barrez les intrus dans les listes suivantes.

a. conte • raconter • compter • conteur • conter
b. habiter • habitation • habituel • habitant
c. livre • libre • libraire • lire • lisible
d. jour • journée • journal • séjour • joue

3 ★★ Deux familles de mots se sont mélangées. Retrouvez-les.

vieux • veille • veillée • vieillard • veiller • vieillir • réveiller • vieillissement

....	....

4 ★★ Complétez chaque phrase avec un mot de la famille de « bord » : *déborder • aborder • rebord • abordage*. **Attention aux accords.**

a. Cet homme m'a .... dans la rue pour me demander son chemin.
b. Martin a posé une plante verte sur le .... de la fenêtre.
c. Les pirates avaient coutume de crier « À l'.............................. ! » quand ils attaquaient.
d. Jules fait mille choses en même temps : il .... d'énergie.

5 ★★★ Cherchez trois mots de la même famille que les mots en gras.

Une nuit où le poisson ne mordait pas, un **pauvre** pêcheur se demandait avec **inquiétude** comment il allait pouvoir continuer à **nourrir** ses six enfants.

Jean Muzi, « Le petit poisson noir », *25 Contes de la Méditerranée*, © Castor poche, 2006.

pauvre	inquiétude	nourrir
....	....	....
....	....	....

80

Les relations entre les mots

Former des mots à l'aide de préfixes et de suffixes

Le **préfixe** est un élément qui se place **devant** le radical pour former un nouveau mot. Le préfixe ne modifie pas la classe grammaticale du mot.

Préfixes : *a-, dé-, pré-, re-, in-, mé-...*

Exemple passer → **dé**passer, **re**passer

Le **suffixe** est un élément qui se place **après** le radical pour former un nouveau mot. Le suffixe peut modifier la classe grammaticale du mot.

Suffixes : *-ment, -ier, -eux, -âtre, -able...*

Exemple habile *(adjectif)* → habile**té** *(nom)*, habile**ment** *(adverbe)*

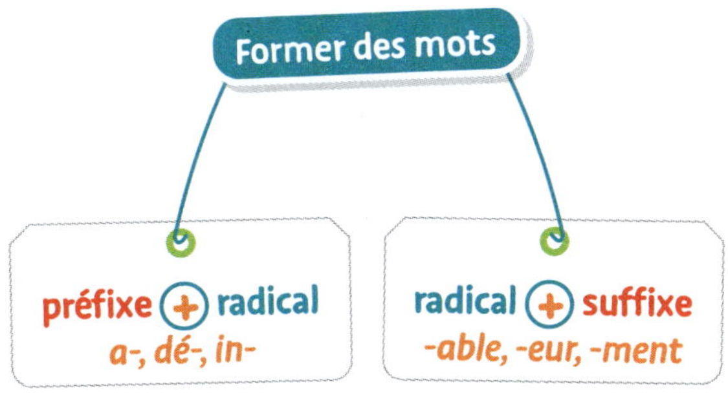

6 * **Entourez les mots de la liste qui ont un préfixe, soulignez ce préfixe.**

insuffisant • calme • bâtir • refaire • tenir • déjouer • saut • égal • agrandir

7 * **En ajoutant un suffixe, transformez les verbes en noms.**

a. obéir → ....

b. compter → ....

c. classer → ....

d. sonner → ....

e. jouer → ....

f. travailler → ....

8 ** **Soulignez les préfixes s'il y en a et entourez les suffixes.**

a. gentiment b. infaisable c. surveillance d. rougeâtre e. fermier

9 ** **Ajoutez au mot en gras un préfixe afin de former son contraire.**

a. Nous sommes **contents** (..............................) de ses derniers résultats.

b. Téléphoner en conduisant est **légal** (..............................).

c. Il est **poli** (..............................) d'arriver en retard aux rendez-vous.

10 *** **Soulignez trois mots formés avec un préfixe et entourez deux mots formés avec un suffixe.**

Le petit garçon s'agitait fiévreusement dans son lit et la mère s'était endormie, tant sa fatigue était grande. [L'oiseau] sauta dans la pièce et posa le gros rubis sur la table près du dé de la femme. Puis il vola doucement autour du lit, éventant de ses ailes le front du petit garçon. « Comme je me sens rafraîchi », dit l'enfant...

Oscar Wilde, *Le Prince heureux*, trad. L. Lack, © Gallimard Jeunesse, 1997.

81 Les relations entre les mots

Trouver des synonymes

Les **synonymes** sont des mots de sens identique ou de sens proche, appartenant à la même classe grammaticale.

Exemples une mer **forte** = une mer **agitée, houleuse**
un enfant **calme** = un enfant **sage, tranquille**

Les synonymes

mots de sens proche
célèbre = connu

11 * **Associez chaque mot à son synonyme.**

a. comédien •   • construire
b. bâtir •   • acteur
c. paisible •   • tranquille

d. voiture •   • sympathique
e. courageux •   • vaillant
f. gentil •   • automobile

12 * **Barrez l'intrus de chaque liste.**

a. regarder • examiner • observer • entendre
b. magnifique • splendide • terrible • superbe
c. briller • assombrir • étinceler • illuminer
d. exact • certain • incorrect • juste

13 ** **Réécriture • Réécrivez les phrases en remplaçant le verbe** « faire » **par un synonyme.**

a. Maxime fait 1,75 m. → ....
b. Ce réalisateur fait un nouveau film. → ....
c. Amélie a décidé de faire un gratin. → ....
d. Les enfants font un dessin. → ....
e. Marina a fait une bêtise. → ....

14 *** **Remplacez les mots soulignés par un synonyme.**

a. Les ouvriers <u>démolissent</u> (..........) un immeuble.
b. Sarah m'a donné des nouvelles <u>fraîches</u> (..........) de Léo.
c. Es-tu assez <u>habile</u> (..........) pour toucher la cible du premier coup ?
d. On lui a donné à résoudre un problème très <u>difficile</u> (..........).

15 *** **Trouvez un synonyme pour chaque mot souligné.**

Qui ne connaît pas la <u>belle</u> Shéhérazade ? Quel enfant n'a jamais été <u>fasciné</u> par le génie de la lampe <u>merveilleuse</u> d'Aladin ? Quel lecteur n'a pas <u>rêvé</u> d'ordonner à une porte taillée dans la roche de s'ouvrir pour, l'espace d'un instant, <u>découvrir</u> comme Ali Baba une caverne <u>remplie</u> d'or et de pierres précieuses ?

Contes des Mille et Une Nuits, adapt. de M.-A. Spire, © Gallimard Jeunesse, 2009.

belle : ....   merveilleuse : ....   découvrir : ....
fasciné : ....   rêvé : ....   remplie : ....

Trouver des antonymes

Les **antonymes** sont des mots de sens contraire appartenant à la même classe grammaticale.

Exemples chaud ≠ froid, bavard ≠ silencieux

Les antonymes
mots de sens contraire
grand ≠ petit

16 * Formez des couples d'antonymes.

a. avancer •
b. large •
c. sauvage •

• apprivoisé
• reculer
• étroit

d. lourd •
e. clair •
f. facile •

• sombre
• léger
• difficile

17 ** Trouvez l'antonyme dont la première lettre est donnée.

a. sale → p..
b. agité → s..
c. rapide → l..
d. accepter → r..
e. content → m..
f. laid → b..

18 ** Afin de former des antonymes, ajoutez aux mots suivants un préfixe de la liste.
im- • in- • ir- • dés- • a- • il-

a. possible → ....
b. moral → ....
c. réel → ....
d. illusion → ....
e. suffisant → ....
f. lisible → ....

19 *** Remplacez chaque mot souligné par son antonyme.

a. Ces enfants sont vraiment <u>pénibles</u> (..).
b. Les explications d'Arthur sont très <u>claires</u> (..).
c. La musique est une matière <u>obligatoire</u> (..) au lycée.
d. Je boirais bien une boisson <u>chaude</u> (..).

20 *** Complétez cet extrait de poème avec les antonymes des mots en gras : *rusé • joyeux • détestable.*

Il était très .... et pourtant très **maussade** ;
.... voisin, - **excellent** camarade ;
Extrêmement futile, - et pourtant très posé ;
Indignement naïf, - et pourtant très blasé ;
Horriblement **sincère**, - et pourtant très ....

Alfred de Musset, *Namouna*, chant I, strophe XIII, 1830.

Bilan Les relations entre les mots

Fiches 79 à 82

- Identifier des familles de mots
- Former des mots à l'aide de préfixes et de suffixes
- Trouver des synonymes
- Trouver des antonymes

J'identifie les familles de mots

21 * Reliez entre eux les mots de la même famille.

a. chanter •	• entourer
b. salir •	• nerveux
c. magie •	• chanson
d. tour •	• magicien
e. nerf •	• saleté

22 * Placez ces mots dans la colonne correspondant à leur famille : terrible • terrestre • terrain • terrifiant • territoire • terrorisé • terrifier • atterrir • terriblement • souterrain.

« terreur »	« terre »
....	....
....	....
....	....

23 * Pour chaque mot proposé, trouvez trois mots de la même famille.

a. vivacité → ....

b. douceur → ....

c. lenteur → ....

d. peureux → ....

e. petite → ....

24 ** Complétez les phrases avec un mot de la famille de « bras ».

a. Il m'a .... sur les deux joues.

b. Luc nage très bien la .... coulée.

c. À la mer, on met des .... aux enfants.

d. Éva a eu un .... pour son anniversaire.

Je forme des mots avec des préfixes, des suffixes

25 ** En ajoutant un suffixe, trouvez l'adjectif correspondant aux définitions.

a. Que l'on peut voir. → ....

b. Que l'on peut réaliser. → ....

c. Que l'on peut lire. → ....

d. Que l'on peut admirer. → ....

e. Que l'on peut déplacer. → ....

26 * À partir des verbes donnés, formez quatre verbes à l'aide des préfixes :**
a- (ad-, ab-) • dé- (de-) • re- • con- (com-) • ob-.

a. tenir : ....

b. mettre : ....

c. battre : ....

d. venir : ....

27 * Soulignez deux verbes construits avec des préfixes et entourez trois mots construits avec des suffixes.**

L'auguste personne qui m'emploie désire que son collaborateur vous demeure inconnu [...]. Les circonstances sont extrêmement délicates. Il ne faut reculer devant aucune précaution pour étouffer tout germe de ce qui pourrait devenir un immense scandale et compromettre gravement l'une des familles régnantes d'Europe.

Conan Doyle, *Un Scandale en Bohème*, trad. B. Tourville, © Gallimard, 1997.

Je trouve des synonymes et des antonymes

28 * Donnez deux synonymes aux adjectifs suivants :

a. calme → ……

b. fatigué → ……

c. poli → ……

29 ** Remplacez les mots soulignés par un synonyme.

La face de la Terre <u>s'obscurcit</u> (……) et il <u>s'abattit</u> (……) une pluie <u>ténébreuse</u> (……) de jour et de nuit. À <u>cet instant</u> (……), un déluge s'abattit sur leurs <u>maisons</u> (……). Ils voulurent <u>monter</u> (……) sur leurs toits.

D'après **A. I. Chavez**, *Pop wuh, Le Livre des événements*, trad. A. Amberni, © Gallimard, 1990.

30 ** Donnez les antonymes des mots soulignés.

a. Cette musique-là est <u>harmonieuse</u> mais celle-ci est ……

b. Pierre est <u>optimiste</u> alors que son frère est ……

c. Marie est souvent <u>distraite</u> alors qu'elle devrait être ……

d. Ce spectacle devait être <u>gratuit</u> mais il est ……

31 * Remplacez les mots soulignés par un antonyme.**

Une brume <u>légère</u> (……) voilait les étoiles et les plaines <u>sombres</u> (……), remplies de mystère et de <u>mélancolie</u> (……), s'étendaient de part et d'autre de la route, à l'infini. De temps en temps, les phares éblouissaient les yeux d'un taureau, <u>debout</u> (……) <u>près</u> (……) de la clôture des bas-côtés.

D'après **Mary O'Hara**, *Mon amie Flicka*, trad. H. Claireau, © Gallimard, 2009.

À l'écrit

32 * Écriture • Imaginez qu'une sorcière lance un sort et que le contraire de ce qu'elle souhaitait se produise.**
Vous emploierez dans votre texte trois synonymes et trois antonymes et au moins deux mots de la famille de « sorcier ».

33 * Réécriture • Réécrivez le texte en remplaçant le mot** « femme » **par des synonymes. Vous conserverez celui en gras.**

Au début du conte *Peau d'Âne*, une reine qui était une femme splendide, fait promettre à son époux, alors qu'elle va mourir, de ne prendre pour nouvelle femme qu'une **femme** plus belle qu'elle. Mais la seule femme capable de rivaliser avec la beauté de sa défunte femme n'est autre que leur propre fille…

……

34 * Dictée • Écrivez la dictée lue par votre enseignant-e.**

……

D'après **C. Perrault**, *La Belle au bois dormant*, 1697.

À l'oral

35 ** Prononcez ces phrases en remplaçant les mots en gras par des antonymes.

a. Son discours a été **long** et **ennuyeux**.

b. Ces cerises sont **délicieuses** et **sucrées**.

83

Le vocabulaire lié au programme littéraire

Utiliser le vocabulaire du monstre

Le mot **« monstre »** vient du latin *monstrum* (du verbe *monere*, avertir) qui signifie « prodige, chose incroyable ».

Les monstres apparaissent dans les récits antiques, les contes et les romans.

Exemples l'Hydre de Lerne, l'Ogre dans *Le Petit Poucet*, la pieuvre géante dans *Vingt mille lieues sous les mers*

Les monstres suscitent des sentiments très forts et permettent aux héros de montrer leur vaillance.

Exemples Hercule, Ulysse, Persée

Pour évoquer le monstre, les auteurs s'appuient sur son champ lexical. Un **champ lexical** est un ensemble de mots et d'expressions qui se rapportent à un même thème.

Vocabulaire du monstre
- ogre, géant, dragon
- peur, effroi, horreur, terreur
- difforme, affreux, épouvantable

1 Reliez chaque mot à son synonyme.

a. monstrueux •	• impitoyable	d. hideux •	• colossal
b. cruel •	• effroyable	e. glouton •	• vorace
c. implacable •	• féroce	f. gigantesque •	• affreux

2 Donnez l'antonyme des mots suivants.

a. repoussant ≠ ....
b. peur ≠ ....
c. violence ≠ ....
d. laideur ≠ ....
e. apprivoisé ≠ ....
f. géant ≠ ....

3 Complétez chaque phrase avec le mot qui convient : *monstre • monstrueux • monstruosités • monstrueusement.*

a. Dans *La Chambre des Secrets*, Harry Potter affronte un basilic, serpent ....

b. La légende raconte que le Loch Ness, en Écosse, abrite un ....

c. Les Sirènes ont commis des .... en provoquant la noyade de marins imprudents.

d. Les Cyclopes sont des êtres .... laids avec leur œil unique au milieu du front.

4 Soulignez les mots qui appartiennent au champ lexical du monstre et de la violence.

Le Cyclope se lève brusquement, saisit deux de mes compagnons et les écrase comme de jeunes faons contre la pierre de la grotte : leur cervelle jaillit à l'instant et se répand sur la terre. Alors il divise leurs membres palpitants, prépare son repas, et, semblable au lion des montagnes, il dévore leurs chairs.

Homère, *Odyssée*, Chant IX, trad. E. Bareste, 1842.

Utiliser le vocabulaire des récits d'aventures

Le mot **« aventure »** vient du latin populaire *adventura* qui signifie « ce qui doit se produire ». Les récits d'aventures racontent des histoires destinées à tenir le lecteur en haleine. Ils multiplient les péripéties. Les personnages affrontent des dangers et surmontent des épreuves.

Exemples *L'Île au trésor* de Robert Louis Stevenson, *Le Tour du monde en quatre-vingts jours* de Jules Verne

Le champ lexical du récit d'aventures est très varié.

Vocabulaire de l'aventure
- aventurier, aventureux, s'aventurer
- voyage, escapade, fugue, évasion
- péripétie, obstacle, événement, danger

5 * **Reliez chaque mot à son synonyme.**

a. aventureux • | • hasardeux
b. péripétie • | • audacieux
c. intrépide • | • rebondissement

d. palpitant • | • inattendu
e. imprévu • | • passionnant
f. péril • | • danger

6 ** **Complétez chaque phrase avec le mot qui convient :** *aventures • aventurier • aventurés • aventureux.*

a. Nous nous sommes .... sur un sentier escarpé et glissant.

b. Les .... de Tintin passionnent Noémie.

c. Indiana Jones mène une vie d'.................................. .

d. Le projet de randonnée de Sylvain nous semble ....

7 ** **À quels thèmes en rapport avec le récit d'aventures ces champs lexicaux se rapportent-ils ?**

a. équipage, abordage, flibustier, jambe de bois • | • voyage
b. diamants, or, épave, carte • | • trésor
c. excursion, périple, navigation, horizon • | • piraterie

8 *** **Soulignez les mots et expressions appartenant au champ lexical de l'obscurité et entourez ceux appartenant au champ lexical de la mer.**

L'obscurité nous procura une sorte de réconfort car elle nous était familière. Même Daniel qui n'aimait pas trop le noir sembla soulagé de voir la nuit tomber. Nous cherchions à présent à percer les ténèbres, dans l'espoir d'entrevoir sur la côte une lumière capable de nous guider. Nous étions blottis l'un contre l'autre, scrutant inlassablement la nuit impénétrable, écoutant le clapotis des vagues contre la coque ou leur sourd fracas contre les falaises.

D'après **Michael Morpurgo**, *Le Jour des baleines*, trad. A. Krief, © Gallimard Jeunesse, 2011.

Utiliser le vocabulaire des récits de création

Les **récits de création** sont des récits d'origines diverses qui tentent d'expliquer la création de l'univers et l'apparition des êtres vivants sur la Terre.

Ce sont des textes religieux ou mythologiques, des contes, des légendes ou des poèmes. Racontés aux quatre coins du monde, ils évoquent parfois les mêmes événements.

Exemple L'épisode du Déluge apparaît aussi bien dans *L'Épopée de Gilgamesh*, *Les Métamorphoses* d'Ovide, les légendes indiennes que dans la *Bible* et le *Coran*.

Le champ lexical des récits de création est donc très vaste.

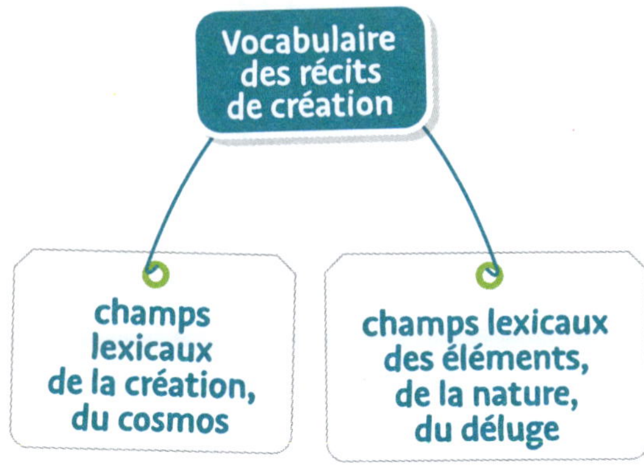

9 * Pour chaque mot, donnez trois mots de la même famille.

a. création → ……………………………… c. homme → ………………………………

b. cosmos → ……………………………… d. dieu → ………………………………

10 * Reliez chaque mot à son synonyme.

a. chaos •	• cosmos	c. fondateur •	• créateur
b. univers •	• confusion	d. étoile •	• astre

11 ** Complétez chaque phrase avec les mots suivants : *forêts • zones • eaux • ciel • terre.*

a. Un dieu sépara le ……………… de la terre.

b. Il fit la ……………… plate et ronde.

c. Les ……………… se remplirent de poissons.

d. Les ……………… se couvrirent de feuillages.

e. Il établit ensuite cinq ……………… climatiques.

12 * Réécrivez le texte en le complétant avec les verbes de la liste en rapport avec la création :** *insuffler • pétrit • sculpta • cracha.*

Trempant régulièrement ses mains dans l'eau, elle ⋆ un gros morceau d'argile et ⋆ progressivement un corps d'homme : d'abord les jambes, puis le torse et les bras, enfin la tête. Quand la statue d'argile eut complète apparence humaine, la déesse ⋆ sur elle pour lui ⋆ la vie.

Gilgamesh, adaptation Alain Migé, © Larousse, 2012.

………………………………………………………………………………

………………………………………………………………………………

………………………………………………………………………………

………………………………………………………………………………

Utiliser le vocabulaire de la ruse

La **ruse** se définit comme un procédé habile employé pour tromper quelqu'un. Les récits de ruse sont nombreux, de l'épopée au théâtre, sans oublier les contes, fabliaux, fables et romans. La ruse peut être :

→ un moyen de se défendre contre plus fort que soi ou pour sortir d'une impasse

Exemple Ulysse face au Cyclope dans l'*Odyssée*

→ un moyen de se venger

Exemple Martine, la femme de Sganarelle, dans *Le Médecin malgré lui* de Molière

champ lexical de l'intelligence

Vocabulaire de la ruse

champs lexicaux de la tromperie, de la crédulité

13 * **Reliez chaque mot à son antonyme.**

a. tromperie •	• loyauté	d. hypocrisie •	• candide
b. se moquer •	• naïf	e. sincère •	• franchise
c. méfiant •	• respecter	f. rusé •	• sournois

14 * **Donnez un nom de la même famille que les adjectifs suivants.**

a. malicieux → ....
b. moqueur → ....
c. adroit → ....
d. fourbe → ....
e. astucieux → ....
f. stratégique → ....

15 ** **Classez les mots de la liste dans le tableau selon qu'ils indiquent un trait de caractère positif ou négatif :** *sournois • perfide • adroit • avisé • débrouillard • futé • hypocrite • ingénieux • railleur • astucieux • trompeur • flatteur.*

Trait de caractère positif	Trait de caractère négatif
....	....
....	....

16 ** **Complétez les phrases avec ces mots :** *tromper • se firent passer • fripons • stratagème.*

a. Un jour, deux .... arrivèrent dans la ville.

b. Ils élaborèrent un .... et .... pour des tisserands.

c. Renart réfléchit au moyen de .... le coq Chantecler.

17 *** **Soulignez les termes qui appartiennent au champ lexical de la ruse.**

Ayant répandu l'effroi dans ce lieu, la fourbe regagne son trou où elle est en sûreté ; elle en sort la nuit sans bruit pour aller se repaître, elle et ses petits ; le jour, elle feint l'inquiétude et la crainte. [...] La sotte crédulité peut apprendre par cet exemple combien de maux cause souvent un homme trompeur.

D'après **Phèdre**, « L'Aigle, la Chatte et la Laie », *Fables*.

Bilan Le vocabulaire lié au programme littéraire

Fiches 83 à 86

- Utiliser le vocabulaire du monstre
- Utiliser le vocabulaire des récits d'aventures
- Utiliser le vocabulaire des récits de création
- Utiliser le vocabulaire de la ruse

J'utilise le vocabulaire du monstre

18 * Soulignez dans cette liste les adjectifs qui peuvent qualifier un monstre.

abominable • hideux • inoffensif • cruel • agréable • effrayant • bon • calme • difforme • répugnant • patient • sauvage

19 * Barrez les intrus.

a. ogre • géant • poule • dragon
b. brutal • féroce • sauvage • câlin
c. terrifiant • effrayant • attirant • horrible

20 * Complétez le texte avec :** *combat* • *affreux* • *monstres* • *dévorer* • *monstrueuses* • *bruits.*

« Pourquoi les dieux m'ont-ils envoyé ce rêve .... ? » Au même instant, un mouvement insolite attire le regard d'Alcmène. Deux formes .... s'introduisent dans la chambre voisine : la pièce où dort son fils Hercule. À l'intérieur de la pièce, retentissent les .... d'un .... horrible. Les .... sont en train de .... son fils bien-aimé !

D'après **Claude Merle**, *Hercule, héros de légende*, © Bayard, 2012.

À l'écrit

21 * Dictée • Écrivez la dictée lue par votre enseignant-e.**

....

....

....

....

....

....

Rick Riordan, *Percy Jackson, le Dernier Olympien*, © Le Livre de Poche Jeunesse, 2011.

J'utilise le vocabulaire des récits d'aventures

22 ** Pour chaque mot, donnez trois mots de la même famille.

a. imprévisible : ....

b. enthousiasme : ....

....

c. épreuve : ....

23 ** Complétez les phrases avec : *trésor* • *périlleuse* • *Capitaine* • *héros* • *attaqués* • *pirates* • *navigation* • *sanguinaire.*

a. La .... sur l'océan Pacifique se révèle parfois ....

b. Jim est le .... du roman *L'Île au* ....

c. Au XVIIIe siècle, les voiliers étaient souvent .... par des ....

d. Le .... Crochet avait la réputation d'être ....

24 * Complétez le texte avec :** *menace* • *démoraliser* • *sur ses gardes* • *terrifié.*

Harry serait .... s'il apprenait la vérité ! Tu veux vraiment qu'il retourne en classe avec cette .... au-dessus de la tête ?...

– Je ne veux pas le ...., je veux simplement qu'il soit .... ! répliqua Mr Weasley.

J.K. Rowling, *Harry Potter et le Prisonnier d'Azbakan*, trad. J.-F. Ménard, © Gallimard, 2017.

À l'écrit

25 * Écriture • Vous vous égarez avec un-e ami-e dans une forêt alors que la nuit tombe. Racontez ce que vous faites pour vous sortir de cette situation.**

Vous emploierez trois mots de la famille de « aventure ».

J'utilise le vocabulaire des récits de création

26 * **Pour chaque nom, donnez trois mots appartenant au même champ lexical.**

a. déluge : ....

b. ciel : ....

c. feu : ....

d. chaos : ....

27 * **Barrez les intrus.**

a. créer • fabriquer • acheter • modeler
b. tornade • cyclone • typhon • bruine
c. raconter • narrer • conter • lire
d. rivière • sable • fleuve • torrent

28 ** **Trouvez l'adjectif formé à partir de chaque nom.**

a. l'univers → ....

b. le chaos → ....

c. le déluge → ....

d. la pluie → ....

29 ** **Associez chaque mot à sa définition.**

cosmogonie • • histoire qui explique la naissance des dieux

théogonie • • histoire qui explique la création du monde

30 ** **Soulignez les mots appartenant au champ lexical du déluge.**

Tunkashila chanta son premier chant et le tonnerre gronda. Il chanta le deuxième chant et la pluie dégringola. Il chanta le troisième et les fleuves débordèrent. Puis il chanta son quatrième chant et il frappa du pied. La terre se brisa comme un vieux pot, les eaux souterraines jaillirent et le monde fut noyé.

Henri Gougaud, *L'Arbre à soleils, Légendes du monde entier*, © Le Seuil, 1959.

À l'oral

31 ** **Imaginez la création d'un animal tel l'éléphant ou la girafe. Vous emploierez des verbes évoquant la création.**

J'utilise le vocabulaire de la ruse

32 * **Trouvez les synonymes.**

rusé → .... • farce → .... • crédulité → .... • inventer → ....

33 * **Complétez avec :** *simule • stratagème • prétend • se déguise.*

a. Martine .... que son mari est médecin.

b. Pour ne pas se marier, Lucinde a inventé un ....: elle .... une maladie.

c. Léandre .... en apothicaire.

34 ** **Soulignez les mots appartenant au champ lexical de la tromperie : dictionnaire autorisé.**

« Traître, insolent, trompeur, lâche, coquin, pendard, gueux, belître, fripon, maraud, voleur. » **Molière**, *Le Médecin malgré lui*, I, 1, 1666.

35 ** **Complétez le texte avec ces mots.**
confiance • ruse • tromper • réfléchir • attraper

Il se met alors à .... au moyen de .... Chantecler. « Messire Chantecler, ne prenez pas la fuite, n'ayez aucune crainte. » Chantecler dit : « Renart, mon cousin, voulez-vous m'.................. par ....?... Je ne te fais pas .... » D'après *Le Roman de Renart*.

À l'écrit

36 *** **Réécriture • Proposez un synonyme pour chaque mot en gras, puis réécrivez le texte.**

Ulysse imagine **une ruse** pour **s'emparer de** Troie : faire entrer dans la ville un immense cheval de bois renfermant des guerriers. Les Grecs **font semblant** d'abandonner leur camp et vont **se cacher** derrière une île. Tout à leur joie, les Troyens s'assemblent autour du cheval. Pour renforcer **le piège**, **un espion** grec resté seul tente de les **convaincre**.

....

....

ALLER (3ᵉ groupe)

Pour la conjugaison de *être*, *avoir*, *oser*, *agir* ▶ *cf* **p. 0**

INDICATIF					SUBJONCTIF
Présent	**Imparfait**	**Passé simple**	**Futur simple**	**Conditionnel présent**	**Présent**
je vais	j' allais	j' allai	j' irai	j' irais	que j' aille
tu vas	tu allais	tu allas	tu iras	tu irais	que tu ailles
il, elle va	il, elle allait	il, elle alla	il, elle ira	il, elle irait	qu'il, elle aille
nous allons	nous allions	nous allâmes	nous irons	nous irions	que nous allions
vous allez	vous alliez	vous allâtes	vous irez	vous iriez	que vous alliez
ils, elles vont	ils, elles allaient	ils, elles allèrent	ils, elles iront	ils, elles iraient	qu'ils, elles aillent

INFINITIF		PARTICIPE		IMPÉRATIF
Présent	**Passé**	**Présent**	**Passé**	**Présent**
aller	être allé(e, s, es)	allant	allé	va, allons, allez

DEVENIR (modèle pour les verbes *venir*, *tenir* et les verbes de leur famille)

INDICATIF					SUBJONCTIF
Présent	**Imparfait**	**Passé simple**	**Futur simple**	**Conditionnel présent**	**Présent**
je deviens	je devenais	je devins	je deviendrai	je deviendrais	que je devienne
tu deviens	tu devenais	tu devins	tu deviendras	tu deviendrais	que tu deviennes
il, elle devient	il, elle devenait	il, elle devint	il, elle deviendra	il, elle deviendrait	qu'il, elle devienne
nous devenons	nous devenions	nous devînmes	nous deviendrons	nous deviendrions	que nous devenions
vous devenez	vous deveniez	vous devîntes	vous deviendrez	vous deviendriez	que vous deveniez
ils, elles deviennent	ils, elles devenaient	ils, elles devinrent	ils, elles deviendront	ils, elles deviendraient	qu'ils, elles deviennent

INFINITIF		PARTICIPE		IMPÉRATIF
Présent	**Passé**	**Présent**	**Passé**	**Présent**
devenir	être devenu(e, s, es)	devenant	devenu	deviens, devenons, devenez

DEVOIR

INDICATIF					SUBJONCTIF
Présent	**Imparfait**	**Passé simple**	**Futur simple**	**Conditionnel présent**	**Présent**
je dois	je devais	je dus	je devrai	je devrais	que je doive
tu dois	tu devais	tu dus	tu devras	tu devrais	que tu doives
il, elle doit	il, elle devait	il, elle dut	il, elle devra	il, elle devrait	qu'il, elle doive
nous devons	nous devions	nous dûmes	nous devrons	nous devrions	que nous devions
vous devez	vous deviez	vous dûtes	vous devrez	vous devriez	que vous deviez
ils, elles doivent	ils, elles devaient	ils, elles durent	ils, elles devront	ils, elles devraient	qu'ils, elles doivent

INFINITIF		PARTICIPE		IMPÉRATIF
Présent	**Passé**	**Présent**	**Passé**	**Présent**
devoir	avoir dû	devant	dû	dois, devons, devez

FAIRE (modèle pour les verbes de la famille de *faire*: *contrefaire*, *défaire*…)

INDICATIF					SUBJONCTIF
Présent	**Imparfait**	**Passé simple**	**Futur simple**	**Conditionnel présent**	**Présent**
je fais	je faisais	je fis	je ferai	je ferais	que je fasse
tu fais	tu faisais	tu fis	tu feras	tu ferais	que tu fasses
il, elle fait	il, elle faisait	il, elle fit	il, elle fera	il, elle ferait	qu'il, elle fasse
nous faisons	nous faisions	nous fîmes	nous ferons	nous ferions	que nous fassions
vous faites	vous faisiez	vous fîtes	vous ferez	vous feriez	que vous fassiez
ils, elles font	ils, elles faisaient	ils, elles firent	ils, elles feront	ils, elles feraient	qu'ils, elles fassent

INFINITIF		PARTICIPE		IMPÉRATIF
Présent	**Passé**	**Présent**	**Passé**	**Présent**
faire	avoir fait	faisant	fait	fais, faisons, faites

Couverture: Marie-Astrid Bailly-Maître
Création maquette intérieure et mise en pages: Stéphanie Hamel
Illustrations: Juliette Baily (intérieur), Maud Riemann (couverture)
Directrice éditoriale: Agnès Botrel
Responsables éditoriales: Aurélie Joubert-Mérandat, Mathilde Lahoute
Édition: Marie Maunier, Vanessa Colnot

www.magnard.fr – ISBN: 978-2-210-11527-9

Achevé d'imprimer en juillet 2024 par Rotolito S.p.A. *N° d'éditeur : MAGSI20240208 - dépôt légal : avril 2021*